NORBERT GLAS

Frühe Kindheit

Ein Führer für alle,

die an der Entwicklung kleiner Kinder

interessiert sind

J. Ch. Mellinger Verlag, Stuttgart

Die erste und zweite Auflage erschien bei:
„Arbeitsgemeinschaft anthroposophischer Ärzte“, Stuttgart
Einbandgestaltung: Johannes Walther, Grafiker, Stuttgart

ISBN 3-88069-157-6
4. Auflage, 1985

Gesamtherstellung: Wiener Verlag, Himberg bei Wien

Dr. Ita Wegman (1876—1943)

gewidmet

EINLEITUNG

Als der Verfasser vor einiger Zeit in das Krankenzimmer eines zweieinhalbjährigen Knaben trat, schrie der kleine Junge entsetzlich. Dieser verabscheute den Besuch des Arztes, der mit ihm zu sprechen versuchte; der Knabe weinte in feindlicher Abwehr. Seine Mutter begann ihm allerlei zu versprechen und schließlich verstieg sie sich zu der Versicherung: „Wenn du groß bist, wirst du einen „Helicopter" (damals das modernste Flugzeugmodell) haben." Und sie wiederholte es dreimal: „Ja, du wirst einen Helicopter haben."

Und als ich bei einem siebenjährigen Mädchen, das an Masern erkrankt war, einige Tage nach meinem ersten Besuche wiederkam, um nachzusehen wie es gehe, hörte ich aus ihrem Zimmer den dröhnenden Radiolärm. Strahlend kam mir die Mutter entgegen: „Ist das nicht wunderbar! Ich habe nun den Apparat in ihr Schlafzimmer gestellt. Vierzehn Tage soll sie im Bett bleiben — das hätte sie früher niemals getan; aber jetzt lasse ich den ganzen Tag über das Programm ablaufen bis sie einschläft, und so gibt sie Ruhe!"

Bald nachher hatte ich mit vieler Mühe das entlegene Häuschen gefunden, in dem ich nach einem fünfjährigen Kinde sehen sollte, das hustete. Als ich an das Gittertor trat mit dem frohen Empfinden — das wohl nur Ärzte in der Landpraxis nachfühlen können — nun endlich an der richtigen Stelle zu sein, schreckte mich ein etwa siebenjähriger Bub aus meinem selbstzufriedenen Gefühl auf. Wie der Blitz war er von irgendwoher auf mich losgefahren. Er hob seine rechte Hand, als hielte er einen Revolver fest, zielte auf mich und sagte kurz und bündig: „Nun wirst du erschossen!" Er drückte los und verschwand, befriedigt über den glänzend durchgeführten Angriff.

Wer täglich solche und ähnliche Dinge erlebt, wird allmählich nicht mehr nur die humoristische Seite dieser Begebenheiten sehen, sondern nachdenken über den gewaltigen Einfluß, den das moderne Leben auf den Menschen von Kindheit an ausübt. Von medizinischer und pädagogischer Seite muß man immer wieder darauf aufmerksam machen, daß wir es nicht bloß so „herrlich weit gebracht haben", sondern daß es nötig sei, die Gefahren aufzuzeigen, durch die von Kindheit an die Gesundheit der Menschen für das ganze Leben untergraben wird.

Es gibt Lehrer an höheren Schulen, die öffentliche Ansprachen als Vorsitzende von pädagogischen Anstalten halten und erklären, daß viele Schulen tatsächlich mit Epidemien von Diebstählen, Betrügereien und Lügen zu rechnen haben [1]. Und wem geben die Lehrer die Schuld? Den Eltern der Kinder.

---

1) Mr. F. W. G. Ridgewall, of Beckenham and Penge (Kent) County Grammar School, England, im Januar 1952.

Erstes Kapitel

EMPFÄNGNISZEIT

I.

Um eine wirkliche Grundlage für eine Abhilfe zu schaffen, wäre es nötig, vor allem jene Anschauung über den Menschen zu ändern, die sich heute weitgehend in der Welt verbreitet hat. Und so soll hier schrittweise versucht werden zu zeigen, wie Eltern, Lehrer, Erzieher, Ärzte und Krankenschwestern zu anderen Erziehungsformen gelangen müssen, sobald sie ein neues Bild vom Menschen gewinnen, ein umfassenderes Bild als es gewöhnlich auf Schulen, Hochschulen und Krankenanstalten heutzutage beschrieben wird.

Dafür ist es notwendig, auf die tiefgreifenden Lehren zurückzugreifen, die von Rudolf Steiner gegeben wurden. Dies soll aber in Kürze geschehen und nur so weit als es ein Verständnis des kindlichen Wesens unbedingt erfordert.

II.

Die Voraussetzung aller weiteren Ausführungen bildet die Erkenntnis, daß die kindliche Individualität durch Vater und Mutter nicht erst geschaffen wird, sondern bereits vor der Geburt und Empfängnis besteht. Sie lebt schon vorher als Einzelwesen in geistiger Form in einer physisch nicht sichtbaren Welt.

Der zur Verkörperung strebende Mensch muß sein Elternpaar als Mittler und Bahnbereiter suchen, durch das ihm eine irdische Menschwerdung ermöglicht wird. In älteren Zeiten war besonders die Mutter durch ein gewisses Traumbewußtsein und in dem Erahnen einer überirdischen Welt mit dem kommenden Kinde tief innerlich verbunden, noch ehe es empfangen war. Sie wußte von der Zeit der Empfängnis an, oder bald nachher, etwas über das sich im Mutterleibe entwickelnde Geschöpf. In Märchen, auf deren innere Geistigkeit noch hingewiesen werden soll, hört man wiederholt von einem Traum, der prophetisch das Kind in der Mutter anmeldet. In dem Märchen „Die Nelke“ von Grimm erscheint der Königin ein Engel, der ihr einen Sohn prophezeit, der alles erhalten werde, was er sich wünscht. Im Dornröschen verkündet der Frosch der Königin: „. . . ehe ein Jahr vergeht, wirst Du eine Tochter zur Welt bringen.“ Die Mutter Alexanders des Großen soll einen außerordentlichen Traum gehabt haben, ehe der Knabe das Licht der Welt erblickt hatte [1]).

Das Urbild der Verkündigung ist die Erscheinung des Engels, der Maria das Kommen des Jesuskindes voraussagt. Es ist verständlich, warum in einer Zeit, in der zwar das wirklich geistige Erleben schon im Verlöschen war, aber die Seelen doch noch eine tiefe Empfindung für das wahre religiöse Geschehen kannten, von Fra Angelico, Raffael und noch zahlreichen anderen Malern, die Verkündigung immer wieder bildlich dargestellt wurde. Jeder Mensch sollte nachempfinden können, wie ein höchstes Wesen sich bei seiner Erdenmutter ankündigte. Und man wußte gleichzeitig, vielleicht nur halbbewußt, daß in jenen Bildern etwas lebte, das für jedes menschliche Wesen Geltung habe. Das Gemälde sollte daran erinnern, in welcher Weise jeder Mensch einmal zu seiner Mutter herabgekommen ist. Nicht jeder wurde so wunderbar angekündigt wie das Kind der Gottesmutter, aber jeder war doch hereingeführt worden — so fühlte man damals ganz real — von einem Engel, der,

---

[1]) In der Nacht vor ihrer Hochzeit träumte Olympias, daß sie ein Blitz traf, der ein großes Feuer entzündete, dessen züngelnde Flammen sich nach allen Richtungen ausbreiteten und dann gelöscht wurden. Und Philipp träumte einige Zeit nachdem er geheiratet hatte, daß er den Leib seiner Frau mit einem Siegel verschloß, auf dem er die Gestalt eines Löwen zu sehen glaubte. Aristander von Talmerrus sagte ihm die Bedeutung seines Traumes, nämlich daß die Königin mit einem Knaben schwanger sei, der sich eines Tages so kraftvoll und mutig wie ein Löwe erweisen werde. (Siehe Plutarch' Leben Alexanders.)

zumindest während der Kindheit, das Kindlein bewachte und beschützte.

Selbst heute gibt es noch Frauen — allerdings muß man sie erst danach fragen — die einem erzählen, daß sie lange vor der Geburt ihr Kind im Traume erblickten; und wie staunten sie, als es später im Leben wirklich genau dem ersten Bilde glich!

III.

Solche Fälle einer prophetischen Ankündigung des kommenden Wesens sind den Menschen der gegenwärtigen Zeit — soweit es sich um die sogenannten Kulturländer handelt — ganz fremd geworden. Der letzte Rest davon zeigt sich noch bei manchen Frauen in einem plötzlich auftauchenden Wunsche nach einem Kinde; solche Gefühle pflegen bei Männern viel seltener vorzukommen. Diese Empfindungen mögen in einer sehr zarten Weise auftreten und können leicht durch ein starkes Triebleben verdeckt werden. Ein feiner entwickeltes Seelenleben müßte allmählich dazu gelangen, zwischen beiden Formen des Erlebens zu unterscheiden: dem wirklichen Wunsch, der wie ein Ruf von seiten des Kindes zu nehmen ist — oder dem bloßen Triebe nach selbstischer Befriedigung. Ein erhabenes Gefühl, verursacht durch den Aufruf zu einer wichtigen Aufgabe, sollte von Anfang an, wenigstens in der Mutter leben, sobald sie ein Kind erwartet. Dem Kinde gegenüber darf man nur die Haltung demütiger Erwartung haben. Die Mutter müßte für alles Kommende ohne Eigenwunsch und Eigenstreben bereit sein. Die richtige Seelenstimmung ließe sich vielleicht am ehesten mit jener vergleichen, die ein wirklich religiöser Mensch in alten Zeiten gehabt hat, wenn er sich dem Willen des Göttlichen hingab. Er war dann fähig, sich selbst ganz auszulöschen und das höhere Wesen durch sich sprechen zu lassen. Die hingebungsvolle Bereitschaft und dieser Verzicht auf Wünsche, soll natürlich nicht sentimental ausarten. Im Praktischen würde eine solche Forderung an Mutter und Vater beispielsweise folgendes verlangen: sie machen sich vollkommen frei von dem Verlangen, daß ihr Kind lieber ein

Knabe oder Mädchen werde — die Entscheidung darüber möge dem kommenden Wesen ruhig selbst überlassen bleiben.

Der Entschluß, ein Kind haben zu wollen, dürfte nie davon bestimmt werden, daß durch das Baby der Ehe „ihr Sinn" gegeben würde, oder daß es der Frau „gut täte", möglichst viele Kinder zu bekommen. Solche Erwägungen stammen bloß aus menschlichem Egoismus.

Die umgekehrten Erwägungen, warum eine Frau kein Kind haben sollte, sind im gewöhnlichen Leben noch viel zahlreicher. Ehe aber auf diese schwierige Frage eingegangen werden kann, sei noch auf die Tatsache hingewiesen, daß ein Kind nicht nur seine Eltern wählt, sondern auch eine ganz bestimmte Zeit, zu der es auf die Welt kommen will.

Für große Persönlichkeiten, wie etwa Goethe, stand es absolut fest, daß es auf das Schicksal des Menschen einen großen Einfluß habe, unter welcher Sternenkonstellation er geboren werde. Was Goethe diesbezüglich über seine Geburt und die damals herrschende Gestirnstellung zu sagen hatte, wird noch später Erwähnung finden. Manche der älteren, großen Astronomen waren überzeugte Astrologen. Durch Dilletantismus und Mangel an Verständnis ist die seinerzeitige Astrologie mit Recht in Verruf geraten. Dies ändert aber nichts daran, daß das menschliche Leben einerseits, und die Stellung der Sterne andererseits, eine enge Beziehung zueinander haben. Hätten sonst Geister wie Tycho de Brahe den Tod des Sultans aus den Konstellationen voraussagen können?

Um jedem Mißverständnis vorzugreifen, sei betont: hier wird nicht etwa empfohlen, die Geburten der Kinder so zu regeln, daß sie unter günstigen Konstellationen auf die Welt kommen sollten, die von den Menschen bestimmt würden! Dies hatten sich sogar Philosophen älterer Zeiten ausgedacht; einer von ihnen war Thomas Campanella, der eine Utopie wie den „Sonnenstaat" geschrieben hat [2]). Wieso solche Schriften entstehen konnten, sei hier nicht behandelt — aber daß solche Schriftsteller noch tief durchdrungen waren von der Wirksamkeit unserer Sternenwelt, wird wohl niemand bezweifeln können.

---

[2]) Civitas Solis, 1623.

IV.

Aus dem Gesagten geht hervor, daß die Eltern sich bemühen müßten, hinzuhören auf den Ruf des Kindes, in welchem Zeitpunkte es zu ihnen kommen möchte. Dies ist nur möglich, wenn der Wunsch auch richtig vernommen wird. Es geschieht aber sehr leicht in der Gegenwart, daß durch die bestehenden Umstände feinere Empfindungen in den Seelen der Erdenmenschen gar nicht mehr aufkommen können. Heute ist es üblich geworden, die Zeit für das Kommen der Kinder nach sogenannten „praktischen" Gesichtspunkten zu regeln: ob man nämlich das geeignete Haus oder die richtige Wohnung habe, ob das Einkommen entsprechend sei und ähnlichem. Der Verfasser ist sich voll bewußt, daß ein Strom von Argumenten vorgebracht werden kann, warum die „Geburtenkontrolle" wichtig, notwendig, soziologisch und ökonomisch richtig sei. Zu all dem wird hier keine Stellung genommen. Auch zu dem dogmatisch katholischen Standpunkte wird kein Für und Wider gesagt werden. Es sei nur die Lage des Kindes berücksichtigt, das aus der übersinnlichen Welt bei seinen Eltern zu einer von ihm selbst bestimmten Zeit erscheinen will. Ein solches Wesen kann natürlich für die irdischen Gesichtspunkte, die vorhin angedeutet worden sind, kein Verständnis haben, dagegen fühlt es das Nein, den Widerstand gegen sein Kommen.

Viel problematischer wird natürlich noch die Situation, wenn ein Kind zwar schon empfangen ist, aber durch die ganzen Lebensumstände seine Existenz dem erwählten Elternpaare unerwünscht ist. Es wird meist sehr schwierig, das Schicksal dieser unerwünschten Kinder zu verfolgen. Man kann nicht einmal in gewissen Erfahrungen, die in der Praxis mit solch „unerwünschten" Menschen gewonnen werden, einen gewöhnlichen Beweis dafür sehen, daß die unglückliche Lage dieser „Nicht-Gewollten" wirklich nur in der ursprünglichen elterlichen Abneigung begründet sei — aber man kann versuchen, die Lebensläufe solcher Menschen einfach vorurteilsfrei zu verfolgen.

Eine Frühgeburt, um ein konkretes Beispiel anzuführen, betraf einen Fall, wo das Mädchen und der Mann in recht oberflächlicher Weise ihre Beziehung pflegten. An eine wirkliche

Verbindung wurde kaum gedacht. Noch ehe der weibliche Partner von der Empfängnis überzeugt war, kam es zum endgültigen Bruch zwischen den beiden Menschen. Das Kind war für beide Teile sehr unerwünscht. Nach einigen Monaten hatte sich die Frau allerdings mit der Tatsache ihrer Schwangerschaft abgefunden und legte sich die Überzeugung zurecht, man müsse für alles Begangene einstehen können. So gewöhnte sie sich an den Gedanken, Mutter zu werden und erwartete schließlich das Kind sogar mit freundlichen Gefühlen. Aber gerade als sie so weit gekommen war, trat — für sie ganz unerwartet — eine Frühgeburt ein, die nach wenigen Stunden den Tod des Kindes zur Folge hatte.

Auch das Schicksal eines Mannes ist wert erwähnt zu werden, der nach Angabe der Eltern bestimmt „unerwünscht" gekommen war. Und zwar ist es die Mutter gewesen, die den Sohn nicht hatte haben wollen. Das Leben dieses Menschen gestaltete sich von Kind auf schwierig. Überall fühlte er sich fremd und schlecht aufgenommen. Dies war auch vielleicht mit ein Grund, warum er sich nach fremden Ländern sehnte und nach Menschen, die eine andere Muttersprache hatten als er selbst. Schließlich kam es zu einer schweren geistigen Umnachtung für viele Jahre.

Solche Krankengeschichten, wie die zuletzt erwähnte, sind außerordentlich schwer zu erhalten, weil die betreffenden Menschen — zu ihrem Glück — meist nichts von ihrer „Unerwünschtheit" wissen. Die Eltern sind gewöhnlich nicht sehr zugänglich für eine Aussprache über das inzwischen herangewachsene Kind. Eine wirkliche Sammlung solcher Menschenschicksale sollte versucht werden anzulegen und könnte medizinisch und psychologisch sehr aufklärend sein. Erst dann wird eine Untersuchung, wie die in jüngster Zeit angestellte, eine wirklich ethische Bedeutung gewinnen. Gemeint ist jene Arbeit, die sich mit dem Problem der „ungewollten" Kinder, aber mehr aus statistischen Gründen beschäftigt hat [3]). Aus den Berichten und Untersuchungen geht hervor, daß es in zahlreichen

---

[3]) „Papers of the Royal Commission on Population, Volume I, Family limitation and its Influence on Human Fertility during the past Fifty years, 1949, London, H. M. S. O. (reviewed in Brit. M. J. 21. 1. 1950).

Familien immer wieder die sogenannten „ungewollten“ und „ungewünschten“ Kinder gibt.

Man müßte hier wohl auch die Goetheschen „Wahlverwandtschaften“ anführen. In diesem großartigen Romane kommt es ebenfalls dazu, daß ein Kind zur Welt kommt, das in der gegebenen Schicksalslage der Erwachsenen eigentlich „ungewollt“ und „unerwünscht“ ist. Vom Geistigen her gesehen hat Goethe, in voller Konsequenz des Geschehens, dieses Kind frühzeitig sterben lassen.

Viele rätselhafte Lebensläufe, erfüllt mit besonderen Schwierigkeiten, ließen sich möglicherweise viel leichter begreifen, wenn man die „Unerwünschtheit“ des betreffenden Menschen von mütterlicher oder väterlicher Seite wüßte und berücksichtigen könnte. Einem „nicht gewünschten“ Wesen wird gleichsam von Anfang an ein Stempel aufgeprägt, den wohl mancher durch sein ganzes Leben hindurch nicht mehr auszulöschen vermag.

Eine interessante Arbeit wurde im „British Medical Journal“ vom 26. 1. 1952 mitgeteilt [4]). Acrodynia ist ein Krankheitsbild, das man vor allem bei kleinen Kindern findet. Die beschriebenen Kinder waren zwischen 9 und 22 Monaten alt. Die kleinen Patienten werden appetitlos, schlafen schlecht, sind weinerlich und wollen herumgetragen werden. Die Hände röten sich oft ganz stark, die Gliedmaßen erschlaffen, der Puls ist beschleunigt, der Blutdruck erhöht und die Kinder neigen zu Schweißausbrüchen. Füße und Hände werden eiskalt. Dieses eigentümliche Krankheitsbild, mit wohl umschriebenen Symptomen, ist nicht sehr häufig, wird aber immer wieder beobachtet. Was aber hier besonders interessiert, ist die Tatsache, daß sich unter den sechs genau beschriebenen Fällen vier Kinder befinden, aus deren Krankengeschichten eindeutig hervorgeht, daß sie ungewünschte Kinder gewesen sind. Ein Kind z. B. wurde empfangen, als sich die Eltern erst verlobt hatten und die beiden Großmütter den „Skandal“ in zwei ehrenwerten Familien fürchteten. Ein anderes Kind mit der

---

4) „A Psychiatric Study of six Cases of Infantile Acrodynia“ von Dunkan Leys, M. D., F. R. C. P. und Kenneth Camaon, M. B., F. R. C. P. Ed., D. Psch.

genannten Krankheit war als das dritte Kind der Familie „unerwünscht“ und nur das Ergebnis einer mißglückten „Geburtenkontrolle“. Dasselbe gilt von dem dritten Fall. Auch das vierte der „unerwünschten“ Kinder kam gegen den Wunsch der Mutter, die bereits sechs andere geboren hatte.

V.

In vollkommenem Gegensatz zu dem „unerwünschten“ Kind, steht wohl das durch künstliche Befruchtung hereingezwungene Wesen. Nur in einer Zeit, in der aller Respekt vor einem sich in jedem Menschen wirklich vollziehenden Schicksal verloren gegangen ist, konnte diese Art von Empfängnis aufkommen. Die Ablehnung der künstlichen Befruchtung als eine ärztlich berechtigte Manipulation, ergibt sich ganz klar aus den vorangehenden Betrachtungen, in denen von dem Warten der Kinder in der Zeit vor der Empfängnis die Rede ist. Von Traditionen religiöser und sozialer Art oder gar rechtlichen Einwendungen kann dabei völlig abgesehen werden. Es wäre nur sehr zu empfehlen, daß sich die richtigen Personen fänden, die den Lebenslauf solcher „künstlichen“ Menschen verfolgten. Nur wird es in diesen Fällen noch längere Zeit dauern, ehe man eine wirkliche Erfahrung wird gewinnen können, da die ganze Manipulation der sogenannten künstlichen Befruchtung des Menschen erst seit wenigen Jahren in größerem Ausmaße geschieht. Entsprechend einem Referate aus der Schweizer Medizin. Wochenschrift [5]) sollen nach Prof. E. Anderes in den letzten Jahren rund 15 000 bis 20 000 künstliche Befruchtungen jährlich in Amerika und etwa 6000 in London stattgefunden haben.

VI.

Zusammenfassend kann somit für die Empfängniszeit gesagt werden, daß eine selbstlose Hingabe der Mutter an das hereinstrebende Wesen, die richtige Haltung für das Kind ist.

---

5) 1950, 80, 667.

Die Antwort, die Maria dem verkündenden Engel gibt (Lukas I, 38), ist wohl das Urbild der Haltung, die in der Frau leben könnte: „Siehe, ich bin des Herrn Magd; mir geschehe, wie Du gesagt hast. Und der Engel schied von ihr.“ Wenn diese Bibelverse erwähnt werden, weiß der Verfasser wohl genau, daß hiermit eine Art idealer Forderung gestellt ist; aber es steht dem Menschen wohl völlig frei, dem nachzustreben. Jedenfalls bedeutet es für das Kind eine Hilfe, wenn die Mutter ihre Gefühle in richtiger Weise pflegt und hierfür auch noch die Mithilfe des Vaters hat [6]).

---

[6]) In einer wunderbaren Weise ist auf die Frage von den Engeln bei Kügelgen in den „Jugenderinnerungen eines alten Mannes“ hingewiesen. Dort heißt es einmal: „... wir wollen die alte Geschichte von den Engeln, die bei der Wiege der Kinder sind, für keine Fabel halten. Zwar unser stumpfer und zerstreuter Blick vermag es in der Regel nicht, den Schleier zu durchbrechen, mit welchem die Beschränkung unserer Sinnlichkeit eine obere oder innere Natur verhüllt. Doch mag es immerhin Momente geben, wie deren auch die heilige Schrift erwähnt, da sich das Dasein einer feineren jenseitigen Leibhaftigkeit dennoch offenbaren und auch an unserem groben Organ erscheinen kann, wie ein Silberblick auf träger Schlacke.“ (Im 5. Kapitel.)

2. Kapitel

SCHWANGERSCHAFTSZEIT

I.

Bekanntlich leiden Frauen in den ersten drei Monaten der Schwangerschaft unter vielen unangenehmen Störungen physischer und seelischer Art.

Die Beschwerden äußern sich z. B. in dem morgendlichen Übelsein, das sich bis zur Abneigung gegen jede Nahrungsaufnahme steigern kann; oder es treten leichtere Depressionen mit Neigung zum Weinen auf. Die Stimmungen sind wenig ausgeglichen und sehr wechselvoll. Die Empfindlichkeit für äußere Sinneseindrücke, z. B. Gerüche, kann besonders erhöht sein. Schwindelgefühl und Ohnmachtsneigung geben der Frau selbst ein Empfinden von psychischer und körperlicher Schwäche. Diese Symptome, die Laien ebenso gut bekannt sind wie Ärzten, kann man als den Ausdruck jenes besonderen Zustandes betrachten, den die ersten drei Schwangerschaftsmonate charakterisieren. Alles irdische Geschehen ist ein Gleichnis eines geistigen Vorganges. Nun ist schon vorangehend darauf hingewiesen worden, daß eigentlich die wesentliche Haltung der Frau zu ihrem zu erwartenden Kinde gegenüber eine selbstlose Hingabe sein sollte. Im Seelischen ergibt sich die Möglichkeit dazu von vorneherein durch den Einfluß der Schwangerschaft an sich — im Körperlichen aber wird die Frau gleichsam gezwungen, ihren Leib dem neuen Wesen als vorläufige Wohnstätte zu überlassen. In der ersten Zeit der Gravidität ist es oft so, als fände eine Art gelinden Kampfes statt zwischen dem Menschen, der gewohnt ist, als Einzelwesen zu existieren und jenem anderen Geschöpf, das in der Mutter sich gestalten soll. Ihr Leib muß das richtige Maß von Selbstlosigkeit dem Kinde gegenüber erwerben, das die Individualität der Mutter aus dem eigenen Hause, nämlich dem mütterlichen Körper, zu verdrängen sucht.

Anfangs empfindet das weibliche Wesen diesen Eingriff in die leiblichen Vorgänge meist sehr stark und leidet darunter ganz erheblich. Aber nach den ersten Monaten kann die Frau allmählich manchen Vorteil in seelischer wie in geistiger Hinsicht gewinnen. Während sie aus ihrem Leibe etwas hinausgedrängt wird, kann sie sich mehr mit den himmlischen Kräften verbinden als vor der Schwangerschaft. Sie ist daher imstande manche geistige Erfahrung leichter zu erringen als im gewöhnlichen Leben. Pflegt sie ihre innere Menschlichkeit und versucht darauf hinzuhören, was in ihr spricht, dann mag sie sogar ein immer lebhafteres Gefühl dafür bekommen, aus welchem Reiche ihr Kindlein niedersteigt. Sie wird auch verstehen lernen, wie sie selbst mit ihm verbunden ist. Die wunderbarsten Traumbilder können sich zeigen und brauchten nur in der richtigen Weise gedeutet zu werden.

II.

Man muß sich den Zustand der werdenden Mutter möglichst real ausmalen: Die Frau wird sozusagen aus ihrem eigenen physischen Gehäuse etwas herausgedrängt und wird gerade dadurch immer himmlischer — das Kind hingegen steigt herab aus dem Übersinnlichen und bildet seinen irdischen Leib immer mehr aus. Beide Wesen nähern sich gegenseitig, indem jedes an das Reich des anderen heranrückt. Die Mutter gewinnt also in ihrer Schwangerschaft eine wachsende Verwandtschaft und ein sich steigerndes Verständnis für die Welt, aus der ihr Kind niederkommt. Dieser Aufstieg der Frau ist der eigentliche Grund für die große Veränderung, die man so oft an der Schwangeren beobachtet: sie wird wissender und weiser als vorher. Sie sollte ihr Herausgehobensein aus dem gewöhnlichen Leben erkennen und sich ihm hingeben können. Wie gut kann man verstehen, daß Rudolf Steiner werdenden Müttern empfohlen hat, sich in die Madonnenbilder Raffaels zu vertiefen. In seiner Darstellung ist in wunderbarer Weise gezeigt, wie die in die Sternenwelt von unten nach oben ragende

Gottesmutter das aus der hellen Sonnenregion herabstrahlende Gotteskind in sich aufnimmt und es den Erdenmenschen offenbart. Diese Bilder sind nicht nur schön, sie besitzen für die schwangere Frau auch die richtige Seelennahrung. Heilende Kraft kommt von den Farben und der Bewegung in jenen Bildern. Aber die Menschen müssen heute erst dazu erzogen werden, damit solche Bilder noch Bedeutung für sie haben können.

III.

Wie schwer ist es aber oft in der Gegenwart, die Schwangere in diese Stimmung der Seele zu versetzen! Alle öffentliche Fürsorge für werdende Mütter ist zur Routine geworden, die sich nur auf die physische Stärkung und Pflege der Frau bezieht. In der heutigen Zeit könnte man eigentlich auf zwei Richtungen hinweisen, die sich mit der Vorbereitung auf die Geburt beschäftigen. Die eine erstrebt die möglichste Kräftigung der Muskulatur durch fleißige Massage und Übungen. Diese Prozeduren sind im Großen und Ganzen abzulehnen, wenn man das wesentliche Geschehen während der Schwangerschaft wirklich berücksichtigen will. Durch jede stärkere Massage und Gymnastik wird der Körper und besonders die Muskulatur gekräftigt und gehärtet — aber dies ist gerade das Umgekehrte, was die natürlichen Vorgänge im Leibe zum Ziel haben. Der Körper soll doch gerade weicher, schmiegsamer, dem wachsenden Kinde gegenüber immer nachgiebiger werden. Ein körperlich gesundes Leben wie sonst, mit der sich von selbst ergebenden Bewegung und Übung müßte völlig genügen.

Die andere Richtung, die sich mit spezieller Gymnastik der Schwangeren abgibt, pflegt den Frauen besondere Vorschriften zu machen, wie sie lernen müßten, sich immer mehr zu „entspannen“. Entspannungs-Übungen (Relaxation) sind in vielen Kreisen sogar die Mode für werdende Mütter geworden. Durch solche Methoden, die häufig noch mit Atemübungen verbunden sind (deren Ursprung meist auf alte, nicht mehr zu empfehlende orientalische Praktiken zurückgeht), wird der Körper weicher und nachgiebiger gemacht als dies nötig ist. Man kann dadurch dem werdenden Embryo zu viel Raum anbieten und setzt ihm eigentlich sogar weniger Widerstand entgegen als es der naturgegebenen Entwicklung des wachsenden Kindes entsprechen würde. Man sollte z. B. nachforschen, ob jene Frauen, die sehr viel und frühzeitig Entspannungsübungen machen, nicht größere Kinder gebären als jene, die sich nicht mit solchen Übungen abgeben. (Es soll nicht geleugnet werden, daß in bestimmten Fällen von vielleicht engerem Becken oder abnormer Muskelschwäche beide Methoden helfen können, Komplikationen zu beheben — aber hier ist an die durchschnittlich gesunde Frau gedacht, der der Vorschlag zu den entsprechenden Übungen meist sehr eindringlich gemacht wird.)

IV.

In körperlicher Hinsicht dürfte die Schwangere nur so viel unternehmen, als für einen Menschen im alltäglichen Leben gesund ist. Übliches Bewegen der Gliedmaßen, wie es im gewöhnlichen Gehen und bei nicht schwerer Arbeit sich ergibt, ist zu empfehlen. Auch die Nahrung soll so sein, wie sie für jeden gesunden Menschen gewählt werden kann. Frische, ungekochte Milch, frische Gemüse, gedämpft zubereitet und nicht lange ausgekocht, Salate, Obst und braunes Brot können reichlich genossen werden. Wirklich vermieden werden müßten zu fette Speisen, Kaffee und Tee und übermäßige Mengen von Salz und Gewürzen. Rauchen muß selbstredend vollkommen unterlassen werden wegen des Kindes, das im Mutterleibe außerordentlich nikotinempfindlich ist. Dagegen sollten die gesunden Frauen keineswegs „zur Vorsicht" Medikamente nehmen, die oft nur ganz routinemäßig verabfolgt werden. In manchen „Fürsorgen" und Kliniken für Schwangere wird jeder Frau mechanisch ein Eisenpräparat verabfolgt, ohne jede individuelle Abstufung; oder es wird Lebertran gegeben und bestimmte Vitaminpräparate. Es ist bloß ein Vorurteil, daß diese Mittel nur nützen aber nie schaden würden.

Einige Medikamente, die die Geburt erleichtern mögen und den natürlichen Ablauf nicht tiefgreifend stören, können selbstredend gegeben werden. So ist z. B. die homöopathische Verarbeitung von Pulsatilla D 6, zweimal täglich 5 Tropfen vom fünften bis zum siebenten Monat, und dreimal täglich vom achten Monat an bis zum Ende der Schwangerschaft sehr empfehlenswert. Während der letzten zwei Monate ist anzuraten, die Dammgegend (Perineal Region) mit Kupfersalbe zu bestreichen. Ferner ist es vorteilhaft, im neunten Monat täglich ein warmes Sitzbad mit Lindenblütentee zu verabfolgen, und zwar 10 Minuten lang während der ersten drei Wochen und 5 Minuten in der letzten Woche. Eine Tasse Holundertee kann täglich im letzten Monat gegeben werden. Gegen die von Aschner vorgeschlagene Verabfolgung von Brombeer- oder Himbeerblättertee (2- bis 3mal täglich eine Tasse) etwa 4 Wochen vor der Geburt ist auch nichts einzuwenden.

Wesentliche Bedeutung hat die richtige seelische Vorbereitung auf das Kind, wie dies in den vorangehenden Abschnitten angedeutet wurde. Das tägliche sich gedanklich und gefühlsmäßig Vertiefen in eines der großen Madonnenbilder der alten Meister, sollte wirklich gepflegt werden. Hingegen müßte eine schwangere Frau es vermeiden, ins Kino zu gehen, Radio zu hören und Television zu sehen. Der heutige Mensch will natürlich immer gerne wissen, warum? Es ist erwähnt worden, daß die Schwangere sich stärker in Verbindung fühlen kann mit einer überirdischen, geistigen Welt. Dies ist von großer Wichtigkeit für das Verständnis, das die Mutter für ihr Kind gewinnen soll. Die genannten Vergnügungen des neuzeitlichen Menschen sind aber gerade ihrem Wesen nach am allermeisten dazu geeignet, alles geistige Verstehen zu vernichten.

Die Frau, die sich aus dem Schlafe vielleicht ein wichtiges Bild mitbringen kann, oder einem Satze nachlauschen könnte, der in ihrem Traume erklungen ist — sie sollte nicht im Erwachen sofort durch das Radioprogramm unterhalten werden müssen. Kein Mensch, der etwas auf sich hält, dürfte so tief sinken, daß er am Morgen im Radiolärm mit Gewalt alles in sich ertöten läßt, was er aus dem Schlafe an Kräften gewinnen kann. Am wenigsten sollte dies der schwangeren Frau erlaubt sein, die immer bereit sein müßte, hinzuhorchen, was in ihrem Inneren erklingt. Aber auch am Abend wird es für sie viel wichtiger sein, mit liebevollen Gedanken an das Kind, in jene erwähnte selbstlose Hingabe versenkt, einzuschlafen, statt die verzerrten Bilder aus einem Kinostück oder der Televisionsendung vor Augen zu haben. Daß aber das Einschlafen unter Radiolärm verpönt ist, braucht wohl nach dem Vorhergesagten nicht erst betont zu werden. Auf die Gefahren, die sich aus Radio etc. für die Kinder ergeben, wird noch später näher einzugehen sein.

Manche Frauen gewinnen während ihrer Schwangerschaft ein großes Verständnis für die Naturumgebung. Liebe zu Blumen und Tieren kann erwachen oder sich verstärken. Für das tägliche Leben sollte eine innige Verbindung mit den Pflanzen geübt und gepflegt werden. In manchen Madonnenbildern ist diese innere Verbindung der Gottesmutter mit den Blumen und dem Getier der Erde noch wunderbar dargestellt. Man denke an die sogenannte „Madonna im Rosenhag“ (Lochner) oder die Dürer'sche Madonna in Wasserfarben, wo eine Unzahl von lieblichen Tieren zu sehen ist. Wie es in diesen Bildern gezeigt ist, so wächst die Frau in der Zeit, in der sie ihr Kind erwartet, hinein in die Kräfte des Lebens und der Beseelung. Dies wird eben von manchen großen Künstlern durch die Verbindung der Madonna mit der Pflanzen- und Tierwelt dargestellt. Noch anderen Malern ist der tiefere Zusammenhang mit der Welt der Gestirne wichtig. Sie malen eine Gottesmutter, die auf der Mondsichel steht, und deren Schleier und Gewand von Sternen erglänzen.

V.

Es ist sehr eigentümlich, daß Frauen, die sonst für solche Gedanken nur wenig offen waren, in der Schwangerschaft auf diese Dinge eingehen. Man kann deutlich fühlen, daß die werdende Mutter meist wie von einem inneren Lichte umstrahlt wird, weil sie näher zur himmlischen Welt lebt als sonst.

Und so möge sie im Laufe des Tages versuchen, sich bewußter mit dieser übersinnlichen Welt, aus welcher ihr Kind kommen will, im Geiste zu verbinden. Im Physischen dagegen kann es nur eine willkommene Arbeit bedeuten, mit ihren Händen für das Kindlein zu nähen und zu stricken [1]).

Man kann eigentlich deutlich beobachten, wie sich die „Himmelsverbundenheit" der schwangeren Frau erst allmählich entwickelt, dann eine Zeit hindurch bestehen bleibt und schließlich wieder abnimmt. In den ersten drei Monaten etwa fühlt die werdende Mutter häufig sehr stark den ganzen Umbau in ihrem Leibe, so daß sie die geistige Seite des Vorganges meist noch nicht klar bewußt mitmachen kann. Nach dieser anfänglichen Epoche aber leuchtet immer mehr durch sie hindurch, was das Kind zu ihr herunterbringt. Dies bedeutet die reizvollste Zeit der werdenden Mutterschaft. Aber gegen Ende der Schwangerschaft, etwa nach dem siebenten Monate, wenn das Kind den erheblichsten Teil seiner körperlichen Entwicklung im Mutterleib vollzogen hat, verändert sich die Frau wieder. In dem Maße als ihr Kindlein irdischer und irdischer wird, fühlt sie selbst ihre eigene Schwere immer mehr. Die Beine werden unsteter und ermüden schnell; das Blut versackt leicht in ihnen und treibt zu erweiterten Venen. Sie kann jetzt den Körper, der vor der Schwangerschaft leicht, beweglich und elastisch gewesen ist, nur unter Anstrengung vorwärts und aufrecht tragen; wenn ihr Gang nicht vorsichtig und bedächtig wird, verliert sie leicht ihr Gleichgewicht und unterliegt den Kräften der Schwere. In dieser letzten und schwersten Zeit vor der Geburt soll sich die Schwangere bemühen festzuhalten, was sie sich durch die mittlere und segensreichste Epoche erringen kann.

VI.

Betrachtet man von diesem Gesichtspunkte aus die drei Abschnitte der Schwangerschaft, so ist leicht einzusehen, warum die Hauptgefahren für das Kind vorwiegend in der ersten und der letzten Epoche liegen. Bis zum dritten Monate ist die

---

1) Manchen wird vielleicht der Rat Rudolf Steiners interessieren, daß die Frauen nicht einseitig (immer nach rechts oder nach links) Wolle abwickeln sollten.

Frucht am leichtesten der Ausstoßung und Vernichtung ausgesetzt. Vom siebenten Monate ab tritt dann die Gefahr einer sogenannten Frühgeburt auf. Von diesem Zeitpunkte an wird nämlich die Mutter dem Drange der Schwere immer mehr ausgesetzt und kann ihr Kind vorzeitig verlieren. Beide Ereignisse, der Abgang des Embryo vor dem dritten Monate und die Frühgeburt nach dem siebenten Monate, sind aber selbstredend verhältnismäßig nur seltenere Geschehnisse, verglichen mit den natürlich erreichten Geburtszeiten.

Vorangehend ist schon einmal auf die enge Beziehung hingewiesen worden, die zwischen den Gestirnen und dem sich entwickelnden Kinde besteht. Hier kann nur in Kürze auf diese wichtige Tatsache aufmerksam gemacht werden. Wenn zunächst nur von der Ausbildung der menschlichen Gestalt die Rede ist, so will dies besagen, daß z. B. ein innerer Zusammenhang zu finden ist zwischen bestimmten Teilen des Tierkreises und den Formen des menschlichen Hauptes, der Brust oder den Gliedmaßen. Daher hat auch z. B. eine ältere Menschenkunde — die noch vertraut war mit den Sternenkräften — zu den Füßen das Zeichen der Fische, zu dem vorderen Stirnanteil das Zeichen des Widders gesetzt. Der ganze Mensch war hineingestellt in die 12 Sternbilder des Tierkreises, den Sonne, Mond und Planeten durchkreisen. Selbstverständlich ist es ein gewaltiger Unterschied, ob die Gestirne auf den werdenden Menschen *im* Mutterleibe wirken oder *außerhalb* desselben. Vor der Geburt arbeiten die Sternenkräfte an der kindlichen Gestalt, während das Kind noch ganz umgeben ist von den embryonalen Eihüllen und der Mutter. Nach der Geburt aber ist das Neugeborene diesen kosmischen Kräften unmittelbar ausgesetzt, da es seine Hüllen verloren hat. Dieser Moment ergibt sich mit der Geburt und ist deshalb für den Menschen von entscheidender Wichtigkeit. Der Augenblick bedeutet etwas ganz Neues, genau so wie z, B. die plötzliche Wandlung von der Knospe zur Blüte.

Besonders bedeutungsvoll ist es außerdem noch, daß die menschliche Individualität, die zu ihrem Elternpaar herabsteigt, den Zeitpunkt der Geburt unter einer besonderen Konstellation vorausahnt, sogar voraus bestimmt. Die große Frage muß da gestellt werden, ob denn die irdische Tatsache des Auf-die-Welt-Kommens zusammenfällt mit dem ursprünglichen Plane des kindlichen Wesens.

VII.

Vielen Menschen der Gegenwart werden solche Probleme phantastisch erscheinen. Tiefere Geister haben sich aber immer wieder gefragt, wie groß der Einfluß der Gestirne auf das Leben des Menschen sei. Es ist sehr eindrucksvoll, Goethes Ansicht über seine eigene Geburtskonstellation zu lesen: „Am 28. August 1749 mittags mit dem Glockenschlag zwölf, kam ich in Frankfurt am Main auf die Welt. Die Konstellation war glücklich; die Sonne stand im Zeichen der Jungfrau und kulminierte für den Tag; Jupiter und Venus blickten sie freundlich an, Merkur nicht widerwärtig; Saturn und Mars verhielten sich gleichgültig; nur der Mond, der soeben voll ward, übte die Kraft seines Gegenscheins um so mehr, als zugleich seine Planetenstunde eingetreten war. Er widersetzte sich daher meiner Geburt, die nicht eher erfolgen konnte, als bis diese Stunde vorübergegangen."

Aus der Darstellung des großen Dichters geht klar hervor, daß dieses Kind, Goethe, eine bestimmte Stellung der Gestirne abwartet, ehe es auf die Welt kommt.

Wie sehr wäre der heutigen Geburtshilfe zu empfehlen, auf solche Dinge hinzuhören! Selbst wenn die Vertreter der gegenwärtigen Naturwissenschaft und Medizin meist kaum mehr ernstlich mit dem Einfluß des Sternenhimmels auf den Menschen rechnen, sollten sie immerhin mehr Ehrfurcht vor dem natürlichen Ablauf gewisser Vorgänge im Leben haben. Mit Ausnahme jener Fälle, wo es sich um Krankheiten oder besondere Zustände handelt, dürfte eine Beschleunigung der Geburten nicht versucht werden. Es bringt Störungen in das Leben des Kindes, wenn es zu einer anderen Zeit das Licht der Welt erblicken muß, als zu der von ihm vorgesehenen.

Es gibt einem z. B. viel zu denken, einen Knaben von fünf Jahren zu sehen, der körperlich nicht besonders abnorm erscheint, aber seelisch einem Kinde von etwa zweieinhalb Jahren gleicht. Er kann nicht sprechen, stößt statt Worten kurze Laute aus, die mehr einen tierischen als menschlichen Klang haben. Seine krampfhaften Willensausbrüche sind nur schwer zu zügeln. Der Zustand ist therapeutisch sehr schwierig. Eigentlich war der Junge von Geburt an in seiner Entwicklung, verglichen mit gesunden Kindern, zurückgeblieben. Die Familiengeschichte gibt keinen Anhaltspunkt für eine erblich veranlagte Schwäche bei dem Knaben. Dagegen ereignete sich aber im Schwangerschaftsverlauf eine von außen herangebrachte Störung, die doch verdient, besonders erwähnt zu werden. Diese wird hier nicht als „Beweis“ vorgebracht — geistige Dinge lassen sich nur schwer im gewöhnlichen Sinne „beweisen“. (Und doch könnten Gedanken über einen solchen Fall die ärztliche Einstellung für die Zukunft verwandeln.) Die Mutter hatte gar keine besonderen Beschwerden, während sie das Büblein trug. Aber gegen Ende der Schwangerschaft entstand eine Art Streit über den Zeitpunkt, wann die Geburt eigentlich fällig sei. Die Hebamme meinte, es wäre noch ein bis zwei Wochen Zeit, während der Arzt den Augenblick schon für gekommen glaubte. Wie so häufig im heutigen medizinischen Leben, kümmerte man sich weniger um die Patientin als um die autoritative Meinung des Arztes. Die schwangere Frau fühlte sich vollkommen wohl und auch an dem Kinde waren keine alarmierenden Zeichen zu finden. Was geschah? Die Mutter erhielt ihren Dämmerschlaf, und die Geburt wurde künstlich eingeleitet. Jedenfalls erschien das Kind in einem ganz anderen Momente, als es ohne das Eingreifen des Arztes gekommen wäre. Daß dieses Kind ein abnormes Wesen wurde, kann wohl nachdenklich stimmen und fordert vielleicht dazu auf, ähnlichen Fällen nachzugehen.

Wie leicht man heute den Zeitpunkt der Geburt nimmt, könnte aus vielen Beispielen gezeigt werden. Das so beliebte „moderne“ und „praktische“ Denken, besonders jüngerer Menschen, kann in seiner Nüchternheit zuweilen einen sehr verhängnisvollen Einfluß ausüben, wie das folgende Beispiel zeigt. Vor einiger Zeit erwartete eine Frau ihr Kind. Sie bat den Arzt, er möge die Geburt künstlich einleiten, weil ihr

Mann — der Vater des Kindes — von seinem Militärurlaub zurückkommen werde, und sie wünschte dringend, daß „alles dann schon vorüber sei".

In einem anderen Falle wollte der Arzt einer Frau die Geburt erleichtern. Obwohl schon vor einigen Jahren eine ganz normale Entbindung stattgefunden hatte, schlug er vor, das Kind etwa ein bis zwei Wochen früher zur Welt kommen zu lassen. Er besaß zum Glück noch so viel gesundes Gefühl, nicht mit Instrumenten einzugreifen; aber er schickte die Frau auf längere Autoreisen in stark schütternden Autobussen. Als dies nichts nützte, verordnete er heiße Bäder und als auch diese erfolglos blieben, erhielt seine Patientin drastische Abführmittel. Nach einer Woche fühlte sich die vorher ganz gesunde Frau elend und krank. Daraufhin brach sie alle Verordnungen ihres Arztes ab, wartete eine weitere Woche ab, bis die Wehen von selbst begannen. Ihr Kindchen wurde dann ohne alle Komplikationen geboren. Erfreulicherweise hatte es sich durch keine der Manipulationen in der Zeit seiner Ankunft beirren lassen.

3. Kapitel

GEBURTSZEIT

I.

Obwohl es in unserer Zeit mit ihrer wohldurchdachten Hygiene der neuen Krankenhäuser schwer fällt, einen solchen Vorschlag zu machen, muß erklärt werden, daß es doch am besten wäre, wenn ein Kind in dem Heime seiner Eltern zur Welt käme [1]). Nur zu Hause ist es möglich, die richtige Vorbereitung zu treffen, um das neue Wesen entsprechend zu empfangen. Die Wiege oder das geflochtene Körbchen mit den von der Mutter gerichteten Decken werden für das Kind, das neugeboren ist, eine ganz andere Hülle abgeben können als die kühlen, unpersönlichen Gegenstände einer Frauenklinik oder Entbindungsanstalt. Dabei soll nichts gegen die Nützlichkeit oder den Segen der Sauberkeit in solchen Institutionen eingewendet werden. Aber bereits hier beginnt für den Menschen die große Uniformierung, die in ihrer Art heute vielleicht eine kaum geringere Gefahr bedeutet als die Unwissenheit von den Infektionsquellen in vergangenen Jahrhunderten.

Wie ganz anders, seelisch intimer, muß es wirken, wenn sich eine Frau zu Hause ins Bett legen darf, um ihr Kind zu gebären, statt mit dem Krankenwagen in das Spital gebracht zu werden. Hier bereitet man sie vor wie zu einer Operation — was sogar vollberechtigt ist. Aber sie wird sogleich herausgehoben aus der Umgebung, in die das Kind ursprünglich hin-

---

1) Seit der ersten Auflage hat sich in manchen Ländern eine Wandlung vollzogen. Neuerdings wird in ganz England propagiert, die Kinder zu Hause auf die Welt kommen zu lassen. Dies wird aber dort, wo eine „Staats-Medizin" regiert, nur aus ökonomischen Gründen empfohlen.

eingeboren werden wollte. Die Erwartung hat, trotz einer Ängstlichkeit, die vielleicht bestehen mag, für die Frau etwas sehr Geheimnisvolles, fast Heiliges. Diese Stimmung kann selbstredend in dem Betriebe eines Heimes nicht dauernd vorwalten.

II.

Als ein sehr wichtiges Thema stand das der sogenannten schmerzlosen Geburt längere Zeit im Vordergrund. Die Frage kam auf, ob man es heutzutage, wo doch die Kunst der allgemeinen Anaesthesie so weit fortgeschritten ist, nicht am besten zur Regel machen solle, der Mutter die schmerzvollen Wehen der Geburt durch einen Dämmerschlaf zu ersparen. In England erregte die Frage so sehr die Gemüter, daß darüber selbst im Parlament mit Heftigkeit diskutiert wurde. Der Grund der Aufregung war mehr sozialer Natur, da von manchen Seiten gefürchtet wurde, daß vielleicht aus Sparsamkeitsgründen nicht allen Teilen der Bevölkerung der Segen moderner Errungenschaften in gleicher Weise zuteil werden könnte. (Dies wird hier nur angeführt, um zu erinnern, daß es sich bei der „schmerzfreien Geburt" um etwas handelt, das alle Menschen interessiert). Das Problem hat aber in England seither schon jede Aktualität verloren, weil man es dort für selbstverständlich hält, daß jede Hebamme bei der Geburt „Gas" und Pethidine anwendet, wenn dies nicht ärztlich ausdrücklich verboten wird. —

Nicht unerwähnt darf in diesem Zusammenhang bleiben, daß in jüngster Zeit wieder viele Stimmen für die Anwendung von Hypnose bei der Geburt laut geworden sind. In Deutschland gab es vor etwa 30 Jahren Ärzte, die jene Methode anpriesen und erprobten; dann scheint diese Form der Anaesthesie wieder etwas in Vengessenheit geraten zu sein, um etwa 20 Jahre später von amerikanischer Seite wieder aufgenommen zu werden. In England z. B. wird jetzt die Hypnose bei der Geburt ebenfalls versucht. Der Verfasser eines Artikels im British Medical Journal vom 5. 4. 1952 scheint mit seinen Ergebnissen hoch zufrieden zu sein. Hier soll gewiß nicht der leiseste Zweifel erhoben werden gegen die tatsächliche Wirksamkeit der hypnotischen Beeinflussung der Gebärenden. Daß in einer großen Anzahl von Fällen Schmerzlosigkeit beim Geburtsakt in dieser Weise erreicht werden kann, ist wohl durch viele Versuche erwiesen. Unsere Frage muß aber ganz anders gestellt werden: ist die Hypnose ein Mittel, dessen man sich bei der Geburt überhaupt bedienen soll? Um nicht zu weitschweifig werden zu müssen, sei nur auf einige Tatsachen hingewiesen, die ein denkender Mensch für sich einmal erwägen möge. Die Hypnose trennt zweifellos Teile der menschlichen Seele und das individuelle Ich von den leiblichen Funktionen des Hypnotisierten. Dieser „Patient" gerät damit vollkommen unter den Einfluß der Persönlichkeit, die hypnotisiert. Es zeigt sich dann, daß aus einem bestimmten Menschen gar nicht sein eigener Wille zu sprechen braucht, sondern nur der des Hypnotiseurs. Der Verfasser hat selbst die Erfahrung gemacht, daß eine Hypnose um so schneller und leichter bei einem Menschen gelingt, je öfter sie an ihm vorgenommen wird. Dies alles beweist schon, daß der Betreffende durch den Akt der Hypnose in seinem Wesen geschwächt wird; sonst würde es nicht immer weniger Anstrengung erfordern, den „Patienten" unter den Einfluß des Arztes zu bringen, der im hypnotischen Schlafe die Persönlichkeit des Kranken gewissermaßen auslöschen muß. Der Geburtshelfer betont in dem genannten Artikel, daß Schwangere an und für sich schon leichter beeinflußbar seien, weshalb sie besonders günstige Objekte für die Hypnose seien. Das ist richtig und ergibt sich auch klar aus unserer Darstellung. Die Individualität der werdenden Mutter wird durch das sich entwickelnde Kind etwas aus ihrem Körper gedrängt. Dies ist sonst ein natürlicher Zustand — aber kann es wünschenswert sein, in einem so wichtigen Augenblicke des menschlichen Daseins ganz unter dem Einflusse eines fremden Willens zu stehen?

Der Verlauf der Behandlung ist sehr bemerkenswert und interessant. Die Hypnose wird an der Gebärenden nicht einmalig vorgenommen, sondern mehrmals, da die Frau erst allmählich für die Geburt vorbereitet werden muß. Diese Vorbereitung beginnt etwa vier bis sechs Wochen vor dem Ende der

Schwangerschaft. Je nach Notwendigkeit hypnotisiert man die Frau vier-, fünf-, auch elfmal, also noch lange bevor die Wehen eingetreten sind. Da nun in der Gegenwart vor allem mit Zeit gespart werden soll, entschlossen sich die entsprechenden Ärzte, nach kurzen Einzelsitzungen, die Frauen während der Vorbereitungszeit in Gruppen von je sechs einer „Massen-Hypnose" zu unterziehen.

Man erinnere sich nochmals an die Besonderheit des Geburtserlebnisses für die Frau und beachte folgendes: zwei ärztliche Autoren, die für die Hypnose bei der Geburt besonders eingetreten sind, geben bestimmte post-hypnotische Befehle, das sind Befehle, die nach dem Erwachen wirksam werden sollen. Ein Kommando z. B. geht dahin, daß die Gebärenden keine Erinnerung an den ganzen Vorgang (nämlich den der Geburt und ihren Schmerzen) haben werden.

Nach der hier vertretenen Auffassung des menschlichen Wesens ist es klar, daß die Anwendung der Hypnose bei der Geburt nicht anempfohlen wird. Denn wem könnte es wünschenswert erscheinen, daß plötzlich ein Außenstehender Gewalt über unser Inneres gewinnt, um einen wichtigen Moment im Leben in das Dunkel der Vergessenheit tauchen zu lassen?

III.

Die Entwicklung der ganzen Menschheit ist in dieses Problem verwickelt. Deshalb muß auch für eine Erklärung weit ausgeholt werden: Bevor der Mensch festen Fuß auf Erden fassen konnte, lebte er noch in einem mehr geistigen Zustand, den man — der Bibel entsprechend — den paradiesischen nennen kann. Verführende Mächte treiben ihn aus dem Lande des Übersinnlichen vorschnell in das sinnliche Erdenelement. Den Sturz auf die Erde nennt die Bibel den Sündenfall und deutet damit auf eine universelle (zum Unterschiede von einer individuellen) Menschheitsschuld. Mit diesem „Fall" des Menschen ist das Ereignis der physischen Geburt verknüpft. Bekanntlich heißt es nach dem Sündenfall im Buche der Genesis: „Ich will dir viel Schmerzen schaffen, wenn du schwanger wirst; du sollst mit Schmerzen gebären." (Genes. 3, 16.)

Zweifellos wiederholt jeder einzelne Mensch für sich allein jenen ersten Sündenfall. Die Liebe in ihrer idealen Form ist etwas rein Geistiges (Paradiesisches). Durch seinen inneren Verführer, seine Triebe, wird der Mensch in das Irdisch-fleischliche hinuntergestoßen. Dadurch öffnet er aber zugleich für das Geistige eine Tür, durch die das Kind hereinkommen kann. Das Erscheinen des Kindes ist als die Wiedergutmachung der vorangehenden Schuld aufzufassen. Es ist im Stande, die selbstlose Liebe, die für das wahre Geistige wesentlich ist, in den Eltern wieder zu erwecken. Hier geschieht also für jeden Menschen etwas, das genau jenen Gedanken entspricht, die sich aus Altem und Neuem Testamente ergeben. Christus kann als wahrer Geist der Erde, zu der er als reiner Mensch im Fleische herabsteigt, die alte Schuld sühnen. — Der Leser möge diesen Abstecher in ein Gebiet verzeihen, das nur dem Religiösen anzugehören scheint — berücksichtigt man aber die praktisch-physischen Konsequenzen einer solchen Anschauung für den Gegenwartsmenschen, so wäre folgendes zu überlegen: durch den Lauf der geschichtlichen Entwicklung ist unsere Zeit bereits reif dazu geworden, den Menschen volles Verständnis für diese geistigen Einsichten zu übermitteln. Jede gebärende Frau müßte mehr oder weniger intensiv von der inneren Bedeutung des Geburtsvorganges ergriffen werden. Es ist natürlich nicht ohne weiteres zu erwarten, daß eine Mutter gerade erst in der Geburtsstunde die Größe solcher Gedanken, ohne eine entsprechende Vorbereitung, erfassen kann. Aber im regelmäßigen Betrachten eines Bildes wie der sixtinischen Madonna, findet man eine tiefgreifende Hilfe, um die Bedeutung der menschlichen Geburt bildlich-gefühlsmäßig zu erfassen. Daher konnte Rudolf Steiner die Beschäftigung mit den richtigen Madonnenbildern während der Schwangerschaft besonders empfehlen. Hat sich die werdende Mutter oft und oft in das Bild vertieft, dann wird sein Anblick für die Gebärende in ihren schweren Stunden auch zur größten Stütze. Aus Erfahrungen im medizinischen Leben darf gesagt werden, daß diesen Bildern eine Kraft innewohnt, die der Frau die Seele wirklich stärkt. In älteren Zeiten hatte man dies gefühlt. Das ist einer der Gründe, warum die Künstler die Madonnenbilder immer wieder und wieder malten.

In der heutigen Zeit wehrt man sich im allgemeinen, Dinge bildhaft und philosophisch-gedanklich zugleich zu erfassen. Die Sprache des Gleichnisses mit innerer Wahrheit ist heutzutage nur schwer zu finden! Und doch hilft das rechte Bild sogar einen solchen Vorgang wie den der Menschengeburt in seiner geistigen Bedeutung besser zu verstehen als dies manche gelehrte Auseinandersetzung zu tun vermag.

Mit der Empfängnis sinkt jeder Mensch tiefer in das Irdische hinein. (Dies soll selbstredend gar nicht von der gewöhnlichen, moralischen Seite genommen werden!) Die Frau kann eigentlich nach 9 Monaten etwas wie eine Sühne des menschheitlichen „Falles" durch die Schmerzen der Geburt erleben. Schon beim ersten Anblick ihres Kindes fühlt dagegen die junge Mutter meistens, daß die erlittenen Schmerzen wieder ausgelöscht werden.

Die Menschen sollten sich in Wahrheit danach sehnen, die Geburt des Kindes so bewußt als möglich zu erleben, um an einer wichtigen Menschheitsangelegenheit, die jeden auch persönlich angeht, verstehend teilnehmen zu dürfen.

IV.

Manchem mag eine solche Anschauung „verstiegen" und zu weit hergeholt erscheinen; noch andere mögen im besten Falle ein theroretisches Interesse daran haben. Der Verfasser aber hält es gerade für besonders wichtig, solche Dinge, die ihren tiefen geistigen Kern besitzen, auch ganz ernst für das praktische und „gewöhnliche" Leben zu nehmen.

Geht man auf die eben vorgebrachten Gedanken ein, dann folgt daraus, daß der viel gerühmte Dämmerschlaf, zur Erreichung der sogenannten schmerzlosen Geburt, lieber unterbleiben sollte. Natürlich wird in keiner Weise etwas eingewendet gegen ein Anaestheticum bei einem wirklich operativen Eingriff. Wenn also z. B. eine Zange angelegt wird, muß dies selbstredend unter Narkose geschehen. Aber bei einer unkomplizierten Geburt ist eine Ablähmung des Bewußtseins möglichst zu vermeiden.

Die Anwendung eines Narkosemittels zur Erleichterung der Entbindung ist ein Eingriff, der nach zwei Seiten hin bedacht werden muß. Einerseits beraubt man die Frau des voll bewußten Miterlebens der Geburt. Dazu gehören nicht nur die Leiden, sondern auch das Erscheinen des Neugeborenen! Die Frau hat ein Recht, den ersten Laut des Kindes zu vernehmen, der einem großen Wunder gleicht. Wieviele Mütter haben dieses erste Schreien, das sie erlebten, mit einem besonderen Lächeln aufgenommen, das alle Spuren der eben erlittenen Schmerzen auslöschte!

Andererseits greift der Arzt schon sehr wesentlich auch in das Leben des Kindes ein, wenn die Geburt unter Narkose stattfindet. Es besteht kein Zweifel, daß alle Mittel, die verwendet werden — von dem alten Cloroform, das noch immer recht beliebt ist, gar nicht zu reden — den naturgegebenen Geburtsmoment verschieben und verzögern. Bedenkt man, was früher über den vom Kinde selbst gewählten Zeitpunkt der Geburt unter einer bestimmten Stellung der Gestirne gesagt worden ist, so liegt in der Gefahr einer Verlangsamung ebenfalls ein bedeutungsvoller Grund gegen die prinzipielle Anwendung des Dämmerschlafes.

Man kann auch erleben, daß ein vielbeschäftigter Geburtshelfer, dessen Seele nicht mit den hier angeführten Gedanken beschwert ist, vielleicht viel schneller zu der Zange greift, um eine Geburt, die sich hinzieht, abzukürzen. (Hier ist natürlich nur an eine zu lange sich hinziehende Geburt gedacht, deren Dauer keine Gefahr für Frau oder Kind bedeutet.)

V.

Was vollzieht sich nach der Geburt für die Mutter und das Kind? Diese Frage soll in einer bestimmten Weise beantwortet werden. Die Frau empfindet durch die Schmerzen der Geburt die Last des Körpers in noch höherem Grade als dies meist schon während der späteren Schwangerschaftsmonate der Fall zu sein pflegt. Mit den letzten Wehen wurde nun ihr Kind in die Erdenwelt hineingestellt. Es ist seiner natürlichen Hüllen beraubt und im physischen Sinne „nackt und bloß“ geworden. Es bedarf des vollsten Schutzes von außen, damit sein überirdisches Wesen sich den Leib zum Instrumente auf Erden heranbilden kann. Fast in einem Augenblick wird dieses kindliche Körperchen zum erstenmal der äußeren Welt ausgesetzt. Diese besteht aus der näheren und weiteren Umgebung, z. B. aus dem Geburtsraume, dem dazugehörigen Hause, der Natur des entsprechenden Landes und schließlich im weitesten Sinne auch aus der im Geburtsmomente gegebenen Sternstellung. Auf die Bedeutung der letzteren ist schon hingewiesen worden — hier wird nur daran erinnert, um ganz klar ein Verständnis für die Bedeutung der sogenannten „Geburtskonstellation", nämlich der Sternstellung im Augenblicke des Auf-die-Welt-Kommens selbst, zu erwecken. Wie paradox der folgende Vergleich auch klingen mag, so kann er vielleicht eine sehr reale Vorstellung des Vorganges illustrieren. Man stelle sich dieses kleine Körperchen, in dem die wahre Individualität allmählich ihre Wohnstätte finden soll, als einen luftleeren Hohlraum vor. Wie z. B. eine luftleer gemachte starre Kugel die Luft aus dem sie umgebenden Raume ansaugt sobald eine Öffnung entsteht — so atmet jetzt der kindliche Leib, als eine physische Hülse, alles ein, was in der Umgebung an Einflüssen vorhanden ist. Am intensivsten geschieht dies mit jenen Kräften, die dem Kinde sozusagen am meisten verwandt sind — und zu denen gehören eben die Sternenkräfte im Zeitpunkt der Geburt. Sie werden etwas Bestimmendes für das ganze Leben des Menschen.

Ferner ist natürlich die Mutter als etwas für das Kind besonders Verwandtes zu betrachten, da sie es 9 Monate lang umhüllt hat. Mit der Geburt tritt in dieser Beziehung zwischen Mutter und Kind ein neuer Zustand ein. Während der Schwangerschaft wird der übersinnliche Teil der mütterlichen Wesenheit aus ihrem eigenen Leibe mehr und mehr hinausgedrängt, um nach der Geburt allmählich wieder in ihr physisches Gehäuse voll zurückzukehren. Dies dauert meist nur einige Wochen — worauf noch im einzelnen hingewiesen werden soll. Aber unmittelbar nach dem Gebären des Kindes kann sich die Mutter gerade mit ihrer Seele dem Neugeborenen hingeben und es seelisch voll und ganz so umhüllen, wie vorher körperlich. Deshalb soll auch das Kind nach der Geburt nahe bei der Mutter bleiben.

Eine Frau, von ihrem gesunden Instinkt und Fühlen geleitet, würde wohl niemals von sich aus auf den Gedanken kommen, sich sofort nach der Geburt von ihrem Kinde zu trennen, wie dies leider gegenwärtig noch in den meisten Anstalten veranlaßt wird.

VI.

Man überlege einmal unvoreingenommen, wie unsinnig das Bild ist, das sich in Gebäranstalten bietet: ein größerer Raum, in dem in einer Reihe ein Kinderbettchen neben dem anderen steht; in jedem ruht ein Neugeborenes. Abgetrennt davon, so daß kein Laut aus diesem Saale zu den Entbundenen dringe, liegen die Mütter in einer großen Abteilung beisammen oder in mehreren ineinander übergehenden Zimmern. Die Erwachsenen, die kaum viel Interesse füreinander unter den obwaltenden Umständen haben können, müssen Bett an Bett mit unbekannten Menschen zusammen sein, und die Kinder, von denen jedes ganz in den Schutzbereich seiner Mutter gehören würde, ruhen ebenfalls als Fremde nebeneinander. Sie schlafen oder schreien ohne jede Beziehung zu ihren Nachbarn haben zu können. Die hilflose Mutter, ausgesetzt den mehr oder weniger menschenfreundlichen Schwestern, muß es als eine Art Gnade hinnehmen, wenn ihr das Kindlein für kurze Zeit gebracht wird. Von den Vätern soll gar nicht die Rede sein, da man sie meistens am liebsten aus der Anstalt aussperren möchte. Bestenfalls gönnt man ihnen zweimal am Tage einige Minuten, um ihr Kind zu sehen. Nicht selten darf dieses Sehen in manchen „modernen“ Heimen nur durch eine Glaswand oder eine Fensterscheibe geschehen. Mutter und Kind, deren Urbild die Madonna ist, gehören als eine Einheit zusammen. Dieselbe ist eine geistige Wirklichkeit, die nicht durch „praktische“ Einrichtungen gestört werden dürfte.

VII.

Eine moderne Mutter — und hier ist modern im Sinne der richtigen menschlichen Entwicklung der Gegenwart gemeint —

könnte von der Beendigung der Geburt an etwas ganz Neues in sich empfinden. Während der Schwangerschaft ist sie so sehr leibliche Hülle für das Kind geworden, daß in ihrem Körper eine völlige Revolution stattfinden mußte. Sie ist in manchen ihrer Organe um ein Vielfaches schwerer geworden. Nach der Geburt findet eine schnelle Rückverwandlung im Organismus statt. Die Geschwindigkeit dieses Vorganges kann man an einer Tatsache sehr leicht ermessen: die Gebärmutter hat zur Zeit der Geburt etwa 2000 Gramm und schrumpft bis zur sechsten Woche nach der Entbindung so stark zusammen, daß ihr Gewicht nur mehr 50 bis 60 Gramm beträgt. Das bedeutet in dem einen Organ einen täglichen Gewichtsverlust von etwa 70 Gramm (verteilt auf eineinhalb Monate). Das ist etwa doppelt so viel als ein gesunder Säugling durchschnittlich im Tage zunimmt.

Der Zustand des Abbaues im mütterlichen Organismus in den ersten Wochen nach der Geburt ist eine außerordentlich wichtige Periode für die Frau. Man muß ihr genügend Zeit lassen, damit der Umbau ihres Leibes sich ungestört vollziehe. Ferner soll ihre Seele die Möglichkeit gewinnen, die Verbindung mit dem Kinde in neuer Weise zu pflegen. Die Mutter kann in ihrem inneren Leben jetzt richtig wach werden für das Kind, von dem sie in leiblicher Hinsicht frei geworden ist. Diese wirklich körperliche „Erleichterung" wird anfangs von mancher Frau als sehr schwierig empfunden. Es fehlt die leibliche Verbundenheit, die sich von nun an bloß auf das Saugen des Kindes an der Brust beschränken muß. Dadurch folgt für manche Mutter eine krisenhafte Zeit, die sich auch noch bis in den dritten Monat nach der Niederkunft hinziehen kann. Man sollte den Frauen wirklich Zeit gönnen, um durch diese Lebensperiode ungestört hindurch gehen zu können. Die in unserem Jahrhundert so beliebt gewordenen Übel, Übereilung und Hast, sollten gänzlich vermieden werden.

Die Frauen müßten so lange ruhig im Bett bleiben, bis sie sich wieder kräftiger fühlen. In unkomplizierten Fällen genügen die üblichen 10 bis 14 Tage. Aus den erwähnten Gründen ist es wohl nur als ein Unfug zu betrachten, diese Zeit zu verkürzen: leider wird dies jetzt sehr häufig versucht, teils aus Überzeugung, teils aus Not an Spitalbetten. Eine Frau schon 36 Stunden nach der Entbindung auf die Beine zu stellen, wofür sich viele Stimmen, besonders in Amerika, erhoben haben, muß abgelehnt werden. Die Anpassung an die geänderten physiologischen und psychologischen Bedingungen einer Frau nach der Geburt, fordert von allen Seiten Geduld, wenn man die Mutter nicht für Monate oder gar Jahre hinaus schädigen will. Eine richtig geleitete Wochenbettzeit könnte für die Frau zu den wichtigsten Tagen menschlicher Einkehr werden; jetzt ist die Mutter ganz offen für ihre kommende Aufgabe. Alle Ungeduld, von ihr selbst ausgehend oder von ihrer Umgebung, wirkt störend und kann verhängnisvollen Schaden anrichten.

4. Kapitel

EINTRITT IN DIE WELT

I.

Mit der Geburt verliert das Kind seine leiblichen Eihüllen und seine Mutterhülle; nun folgt es den Kräften der Schwere. Das Kind wird in der Mehrzahl der Fälle mit dem Kopfe voran geboren, weil der Kopf des Neugeborenen der spezifisch schwerste Teil seines Körpers ist. Daß diese Tatsache der Grund der Kopflagen bei den meisten Entbindungen sei, war schon eine Ansicht des Aristoteles, der man, wie ich glaube, auch heute noch getrost nachfolgen kann.

Für den kindlichen Kopf ist es besonders bemerkenswert, daß sich in ihm zwei scheinbar sehr entgegengesetzte Prinzipien treffen. Einerseits ist er bei dem Neugeborenen der schwerste, also materiellste Teil des Körpers — andererseits aber, seiner wirklichen Form nach, in der kugelig-sphärischen Gestalt, am allermeisten einer kosmischen Bildekraft entsprechend geformt [1]). Man kann in dem Geborenwerden eine Art Auseinandersetzung dieser beiden Wirkungen, der irdischen und der kosmischen, erleben. Die schöne Form des Kopfes, die

---

[1]) Rudolf Steiner drückt dies folgendermaßen aus: „Der Mensch bekommt tatsächlich seinen Kopf aus dem Himmel heraus geformt, denn alle die Kräfte, die da wirken zwischen dem Tode und einer neuen Geburt, sind wirklich dazu angetan, dem Menschen seinen Kopf zu bilden. Wenn auch der Kopf den Weg durch die physische Geburt und die physische Vererbung machen muß — der Mensch hat seinen Kopf vom Himmel. Nur den übrigen Körper hat er von der Erde, so daß der Mensch seiner Leibesgestaltung nach ein Produkt von Uranos und Gaea ist; dem Kopfe nach ein Ergebnis himmlischer Kräfte, dem übrigen Leibe nach ein Ergebnis irdischer Kräfte: Uranos und Gaea." (Rudolf Steiner, „Rätsel des Menschen, sein irdischer und sein kosmischer Ursprung", III. Vortrag, S. 53, 1934 Philosoph.-Anthropos. Verlag am Goetheanum, Dornach, Schweiz.)

noch aus dem Außerirdischen stammt, wird infolge der Schwere und der Enge der Geburtswege immer irgendwie zusammengepreßt — bei einer sogenannten schweren Geburt meist mehr, bei einer leichten weniger. Eigentlich besteht ja der Moment des Auf-die-Welt-Kommens darin, daß der Körper — im besonderen aber der Kopf — durch das mütterliche Becken gestoßen wird. Man spricht direkt davon, daß der Kopf sozusagen plastisch geformt wird, ehe er richtig aus dem Organismus der Mutter austreten kann. Kommen diese Druckkräfte gar nicht zur Betätigung, dann finden wir eine besonders schöne Form des Kopfes, d. h. es findet keine Veränderung durch den Geburtsakt statt. Vollkommen trifft man dies allerdings nur in den außerordentlichen Fällen, wo das Kind durch sogenannten „Kaiserschnitt" — also durch eine Operation, die den gewöhnlichen Weg der Geburt vermeiden muß — geboren wird. In solchen Menschen könnte wohl dann etwas aufgespart bleiben von einer wirklichen Himmelskraft — vielleicht mehr als in all den anderen Menschen, die den üblichen Weg in die Welt gefunden haben. Nun liegen bisher nicht genügend viele Lebensbeschreibungen solcher Menschen vor, um die vorgebrachte Mutmaßung zu bewahrheiten. In Sagen und bei Dichtern lebt etwas, das darauf hinweist, als hätte man in älterer Zeit von demjenigen Außerordentliches erwartet, der aus dem Mutterleibe geschnitten worden ist. Shakespeare, der so viel Weisheit besessen hat, wußte jedenfalls, daß es mit solchen Menschen eine besondere Bewandtnis habe. Sonst würde dieses Motiv in eines seiner größten Dramen nicht so entscheidend hereinspielen. Macbeth, der alle dunklen Kräfte an seiner Seite hat, fühlt sich in seinem Kampf noch immer stark, weil ihm prophezeit worden ist:

> „Sei blutig, kühn und frech; lach allen Thoren,
> Dir schadet keiner, den ein Weib geboren:
> kein solcher kränkt Macbeth."

Und so kämpfte er wütend weiter, bis er einem Manne gegenübersteht, der durch seinen reinen Charakter mehr Stärke offenbart als Macbeth. Jener wird in dem Drama der Gegenspieler der Höllenmächte. Als er Macduff vor dem Zweikampfe gegenübersteht, prahlt Macbeth:

„... Mein Leben ist gefeit, kann nicht erliegen
Einem vom Weib Gebornen."

Worauf ihm Macduff erklärt:

„So verzweifle
An deiner Kunst; und sage dir der Engel,
Dem du von je gedient, daß vor der Zeit
Macduff geschnitten ward aus Mutterleib."

Damit ist wirklich angedeutet, daß noch zu Shakespeares Zeiten die Ansicht geherrscht haben muß, daß der aus dem Mutterleib geschnittene Mensch (wir würden heute sagen, der durch den Kaiserschnitt Geborene) besonders die reinen Kräfte (also die himmlischen) sich bewahren kann, mehr als die „gewöhnlich" Geborenen.

II.

Eine dem „Kaiserschnitte" gewissermaßen gegenteilige Folge mag zuweilen durch eine andere ebenfalls operative Form der Geburt hervorgerufen werden, die sogenannte Zangengeburt. Während beim normalen Verlauf der Kopf langsam vordringt, sich einerseits den Weg bahnt, andererseits entsprechend dem mütterlichen Organismus modelliert wird, geschieht durch die Anlegung der Zange etwas sehr Gewaltsames und Plötzliches. Das kindliche Haupt wird hart angefaßt, nicht erst allmählich und langsam von der Kraft der mütterlichen Wehen geformt, sondern ist dem direkten Drucke der Zange unterworfen. Alles vollzieht sich in wenigen Minuten. Das Neugeborene wird — wenn auch bei einer schwer verlaufenden Geburt voll berechtigt — allzu schnell von einer sehr stark irdischen Gewalt ergriffen. Die Kinder leiden oft unter einer Art Schock, so daß sie zuweilen lange behandelt werden müssen, ehe sie sich dazu entschließen, mit ihren Lungen zu atmen. Und manches „zurückgebliebene" Kind verdankt seine Abnormalität einer Verletzung des Gehirns durch eine Zangengeburt. In solchen Fällen kann man direkt ablesen, wie infolge künstlich durchgeführter Eingriffe das Schicksal eines Kindes andere Wege als die ihm bestimmten nehmen muß.

III.

Nur selten stellt man sich den Unterschied genau genug vor zwischen der Zeit, in der das Kind noch ganz umhüllt wird vom mütterlichen Organismus samt den Ei-Hüllen und der Epoche, die unmittelbar auf die Geburt folgt. In dieser dürfte man sich dem kleinen Wesen überhaupt nur mit der größten Zartheit nähern. Zunächst ist alles zu vermeiden, was die Sinne zu heftig erregen könnte.

Der Zustand des Neugeborenen ist folgendermaßen aufzufassen: dieses Körperchen mit dem übergroßen Kopf (je jünger das Kind, um so größer erscheint das Haupt im Verhältnis zum übrigen Leibe) wird unsichtbar umgeben von einem seelischen und geistigen Anteile; diese schaffen sich im Laufe des Lebens im Leibe einen physischen Ausdruck. Nur langsam kann die Seele in den Körper einziehen. Die Umwelt sollte dafür Sorge tragen, daß nichts übereilt, nichts gewaltsam, aber alles nur liebevoll getan werde. Eine Mutter mit wirklich verständnisvollem Gefühl könnte die beste und natürlichste Umgebung sein. Deshalb ist ihre ständige Nähe auch so wünschenswert. Es wäre zu empfehlen, der Wöchnerin ein Bett zu bauen, in dem zugleich Platz für das Kind wäre. Eine Art Nestchen sollte eingerichtet werden, nach dem die Frau ohne viel Anstrengung hingreifen könnte; oder es könnte sogar eine Wiege in das große Bett eingebaut sein. Wenn schon dies alles nicht getan werden kann, so trachte man, wenigstens die Wiege, das Körbchen oder Kinderbettchen so nahe wie möglich neben die Mutter zu stellen. Sie sollte immer die Möglichkeit haben, auf das feine Atmen des Neugeborenen hinzuhören.

Wie werden anfangs die stärkeren Sinnesreize von dem Kinde abgehalten? Da wäre als erstes darauf aufmerksam zu machen, daß man vermeide, das Kind bei seiner Ankunft sofort dem Wasser und der Seife auszusetzen. Dr. Wilhelm zur

Linden hat in einem ausgezeichneten Aufsatze [2]) darauf hingewiesen, daß dem Neugeborenen, in der auf der Haut befindlichen Schmiere, eine wertvolle Nahrungssubstanz mitgegeben ist. Wird dieselbe durch Waschen und kräftiges Reiben entfernt, so beraubt man den Säugling sofort eines wichtigen Stoffes, der ihm für die ersten Tage eine große Hilfe bedeutet.

Das Kind sollte also zunächst nur ganz vorsichtig von den äußeren Verunreinigungen, die bei der Geburt vorkommen, gereinigt werden. Einfaches Abwischen mit etwas gewärmtem Öl an den beschmutzten Stellen allein genügt vollkommen.

Der Raum, in dem das Kind sich aufhält, muß stets sehr warm sein — im Mutterleibe war es doch auch nicht bloß gewöhnlich warm, sondern ganz gleichmäßig warm. Abgesehen davon soll der Säugling ein zartes, aus reiner Wolle gestricktes Hemdchen direkt am Körper anliegen haben. Auch das Köpflein muß von einem dünnen Wollhäubchen bedeckt werden. Dies ist für die ersten Monate sehr wichtig, weil sonst zu viel Wärme verloren geht; denn der Kopf eines Kindes strahlt, besonders anfangs, sehr viel Hitze aus. Das kann jeder schon durch die Berührung leicht feststellen. Ebenso wie der übrige Körper, wenn er nicht umhüllt wird, erkalten würde, soll auch das Haupt noch durch längere Zeit vor dem Wärmeverlust möglichst bewahrt bleiben. Besonders müßten die Fontanellen mit dem wollenen Käppchen geschützt werden, um die Kühlung durch diese Öffnungen der Kopfknochen zu verhindern. Man habe immer vor Augen, daß ein Kind, um gedeihen zu können, Wärme als ein wesentliches Element benötige. Äußere Wärme durch Heizung, Kleidung und Nahrung — innere Wärme durch die Liebe der Menschen, die in der Nähe des Kindes leben. Dieses hat doch vor der Geburt keine Verbindung mit der äußeren Welt gehabt, jetzt dringt sie aber mit jedem Atemzug und durch jeden Sinnesreiz in das Kind ein.

IV.

Oft vergißt man, daß das Neugeborene noch unmittelbar vorher fast völlig isoliert von jeder Tonwelt im Mutterleibe

---

[2]) „Das Kind in der Mitte des zwanzigsten Jahrhunderts". Weleda-Nachrichten Nr. 52, 1950, herausg. von Weleda AG. Arlesheim (Schweiz).

gelebt hat. Selbst wenn Kinder in den ersten Tagen auch auf großen Lärm scheinbar nur wenig reagieren, ist dies noch lange kein Beweis dafür, daß lärmende Unruhe sie nicht beeinflusse. Zu den unverantwortlichen Fehlern gehört es wohl, wenn in dem Raume eines Entbindungsheimes, wo die Kinder säuberlich aneinandergereiht liegen und schlafen, der Lautsprecher dröhnend sein Konzertprogramm hinausposaunt. Als einmal die Leiterin eines Heimes taktvoll auf diese Unsitte aufmerksam gemacht wurde, zuckte sie nur hochmütig mit den Schultern — und ließ alles beim alten.

Die gewöhnliche, nicht übertriebene Sprechweise Erwachsener, oder das leise Singen der Mutter für das Kindlein, scheint wohl vom Lebensbeginne an am empfehlenswertesten zu sein. Ein wünschenswerter Zustand ist in einem heutigen Krankenhausbetrieb kaum, zu Hause aber leicht zu erreichen.

In den ersten Wochen und Monaten soll zu großer Reiz auf die Augen durch grelleres Licht vermieden werden. Der Vorschlag Rudolf Steiners, dem Kinde durch einen zarten hellblauen Vorhang ein mildes, farbiges Licht um seine Wiege zu verschaffen, scheint unmittelbar sehr einleuchtend. Falls die Mutter weiß, daß eine andere zarte Farbe für ihr Kind besser paßt, kann sie dieselbe natürlich auch selbst wählen.

In der Gegenwart, wo durch die Entdeckung der Antibiotica und schon vorher durch die Sulphonamide die übergroße Angst vor einer Ansteckung der Augen mit Gonorrhoe geschwunden ist, hat man wohl aufgehört, die berühmten Silbertropfen in die Augen zu träufeln. Tausende von Säuglingen hatten unter dieser Routine zu leiden. Auch wenn gar keine Anzeichen irgendwelcher Art auf die Gefahr einer Infektion hinwiesen, galt es als Verbrechen der Hebamme, die Tropfen nicht in die Augen des Neugeborenen zu spritzen. Tagelang litten manche Kinder unter Bindehautentzündungen, die durch den chemischen Reiz entstanden waren [3]).

---

[3]) Allerdings findet man in dem in Deutschland sehr verbreiteten Buche von Dr. Johanna Haarer „Die Mutter und ihr erstes Kind" (Verlag Carl Gerber, München) noch in der Ausgabe von 1951 ausdrücklich gesagt: „... in die Augen wird ein Tropfen 2 % Silbernitratlösung eingeträufelt. Diese Maßnahme ist gesetzliche Vorschrift." (S. 90)

V.

Der große Vorteil für ein Neugeborenes, dessen Haut nicht seiner natürlich mitgebrachten Schmiere beraubt wird, beruht wohl darauf, daß sich das Kind auf dem Wege durch die Haut ein gewisses Maß von Nahrung gleich von Beginn an zuführt; denn die Stoffe der sogenannten „Käseschmiere", die die Haut umhüllen, werden von ihr in den ersten Tagen wieder aufgenommen. Den Säugling sollte man möglichst bald an die Brust anlegen; dies ist für beide, Mutter und Kind, sehr empfehlenswert. Bei der Frau gestaltet sich dadurch die Zeit des „Einschießens der Milch" oft viel leichter und das Kindchen erhält meist doch genügend Flüssigkeit, um ohne künstlichen Zusatz auskommen zu können. Das sogenannte Colostrum — die Flüssigkeit, die vor der Milch aus der Brust gewonnen werden kann — hat übrigens etwa zwei- bis dreimal so viel Vitamin-A-Gehalt als die bald nach der Geburt ausgeschiedene richtige Milch [4]).

Daß die Muttermilch die naturgegebene Nahrung für ein Kind bedeutet, braucht nicht besonders betont zu werden, da sich darüber wohl die meisten Menschen einig sind. Um eine Vorstellung davon zu geben, daß ein wirklicher Unterschied für das Kind vorhanden ist, ob es natürlich oder künstlich ernährt wird, seien gewisse Tatsachen angeführt. Der Säugling, der die gleiche Menge Milch von der Mutter oder der Kuh erhält, bekommt durch die Brustmilch nur halb so viel Calcium als durch die Kuhmilch. Das mit Kuhmilch gefütterte Kind hält mehr Calcium in seinem Leib zurück als das mit Muttermilch ernährte. Das hat aber auf den gesamten Organismus einen besonderen Einfluß, ob er mehr oder weniger reich an Calcium ist. Es ist erwiesen, daß die mit Kuhmilch aufgezogenen Säuglinge um etwa 25 Prozent mehr Muskelmasse besitzen als die mit Muttermilch genährten. Diese Tatsachen, die in ganz modernen Büchern zu finden sind [5]), zeigen

---

4) H. R. Butt in: Handbook of Nutrition, herausgegeben für die „American Medical Association" von H. K. Lewis & Co. Ltd. 1951 London.

5) Siehe das vorher genannte „Handbook of Nutrition".

unmittelbar, daß es ein gewaltiger Unterschied für das ganze Leben des Menschen ist, ob er nach der einen oder der anderen Weise ernährt worden ist. Die modernen Wissenschaftler erklären sogar ganz eindeutig, daß trotz all unserer chemischen Kenntnisse des Stoffwechsels und einer noch so fein ausgedachten künstlichen Ernährung die Muttermilch für das Kind die ideale Nahrung bleibt. Abgesehen von dieser Tatsache beraubt noch die Frau, die von Anfang an das Kind nicht selbst stillt, sich und den Säugling bis zu einem gewissen Grade der großen Beziehung, die zwischen beiden Wesen bestehen sollte. Das Spenden der Nahrung bleibt ja das letzte physische Band zwischen ihnen, das noch kurz vorher so gewaltig gewesen ist.

Dr. zur Linden, der für die Wichtigkeit der „Käseschmiere" der Neugeborenen eintritt, weist darauf hin, daß wahrscheinlich weniger Kinder, und wenn überhaupt, dann schwächer unter der Gelbsucht der Neugeborenen leiden, wenn sie die Möglichkeit hatten, die Hautschmiere zu absorbieren und von erheblicher Abkühlung bewahrt blieben. Ich vermute, daß auch eine so zarte Behandlung des Säuglings, wie sie vorangehend beschrieben worden ist, im gleichen Sinne wirkt; d. h. die so behandelten dürften weniger leicht an der Gelbsucht erkranken (Ikterus neonatorum).

VI.

Sobald es nicht möglich ist, dem Kinde Muttermilch zu geben, tritt das Problem der künstlichen Ernährung in den Vordergrund. Leider haben heute viele junge Mütter gar kein Verlangen, die Kinder selbst zu stillen. Es ist nicht immer der eigene Milchmangel, der zum Abstillen führt. Eine Zeit lang machte man gern soziale Gründe dafür verantwortlich. Vielfach wurde erklärt, die Frauen wollten und müßten so schnell wie möglich wieder zur Arbeit gehen. Zum Teil ist das zwar noch immer wahr — aber im Grunde hören die Mütter so viel davon erzählen, wie bequem es mit der künstlichen Ernährung gehe, daß sie sich nur allzu leicht verleiten lassen, zur Flaschenkost überzugehen.

Da es schon in so vielen Fällen nötig ist, von der Muttermilch für die Säuglinge abzusehen, so muß ein richtiger Ersatz gefunden werden. Je weniger Prozeduren mit einer solchen Nahrung geschehen müssen, desto besser wird es sein. Frische Kuhmilch — selbstverständlich entsprechend verdünnt — kann sehr empfohlen werden, während die Pulverisierung der Milch abzulehnen ist. Leider erhalten heutzutage in manchen großen Ländern die Mehrzahl aller künstlich ernährten Kinder Trockenmilch. Da die Produktion dieser Form der Milch vom Staate aus überwacht und empfohlen wird, preisen alle Fürsorgestellen diese Kost als die beste an. Die Trockenmilch ist zwar eine Nahrung, die infolge der maschinellen Einrichtungen chemisch stets gleichwertig in bezug auf Fett, Eiweiß und Kohlehydrate bleibt — aber selbstverständlich ist die Milch von der wirklich lebendigen Kraft schon weit entfernt. Den Mangel sucht man durch künstlichen Zusatz von Vitaminen auszugleichen. In der täglichen Praxis merkt man die Folgen dieser propagierten Nahrung sehr genau. Die Kinder sind nämlich durch die fettreiche Trockenmilch meist überfüttert und werden viel zu dick. Säuglings- und Fürsorgeschwestern neigen auch sehr oft dazu, hohe Gewichtszunahmen besonders zu preisen. Dadurch eifern sie die jungen Mütter außerordentlich an, dem Kinde möglichst reichlich von der Trockenmilch zu geben. In einer Arbeit „Die Gesundheit des Schulkindes“ [6]) berichtet der englische Leiter des schulärztlichen Wesens ausdrücklich, daß gegenwärtig die Kinder viel mehr an Über- als an Unter-Ernährung leiden. Dies gilt aber, meinen Erfahrungen nach, für das Kleinkind ebenso wie für das Schulkind.

Für eine gesunde Entwicklung jener Kinder, die die Muttermilch entbehren müssen, ist eben eine möglichst frisch vom Tiere gewonnene Milch anzuraten. Daß die Tiere gesund sein müssen und natürlich ernährt und gepflegt werden sollten, versteht sich von selbst. Es mag für manche Menschen von Interesse sein zu erfahren, daß Rudolf Steiner einmal die Angabe machte, für den Säugling, der künstlich ernährt werden

[6]) „The Health of the School Child“ report of the Chief Medical Officer of the Ministry of Education for the years 1954 and 1955, London, Her Majesty's Stationery Office, 1956.

müsse, wäre Eselsmilch am besten. Ohne dies weiter hier begründen zu wollen, möchte ich bloß eine Autorin anführen [7]), die — wohl unbeeinflußt von Steiner — eine bemerkenswerte Erfahrung mitteilt. Katherine Everett erzählt in ihren Erinnerungen von ihrem eigenen kleinen Sohn. Er war sehr schwach und sah beinahe aus wie eine neugeborene Taube, die man aus dem Nest genommen hat. Mit drei Monaten wog er nur um wenig mehr als bei der Geburt. Nachdem die Mutter selbst das Kind nicht nähren konnte, wurde eine französische Amme herbeigeholt. „Ach, sie erwies sich als ein vollkommener Fehlschlag." In ihrer Verzweiflung schrieb die Mutter an eine Freundin nach Irland und diese riet zu Eselsmilch. „Diese wirkte wie ein Wunder und von der ersten Flasche an ging alles gut." Die Milch kam täglich mit dem Zug aus London und kostete per Flasche sechs Schillinge. „Ich nannte die Flasche ‚Ba's (baby's) Champagner' und hätte meinen Ehering oder was immer verkauft, um sie mir zu verschaffen, da ich sah, wie er zunahm und friedvoll schlief; aber ich dachte es wäre viel vernünftiger, einen Esel zu halten ..." Dies tat dann auch die Mutter und hatte in der Aufzucht ihres Söhnleins großen Erfolg.

VII.

Man kann nicht oft genug betonen, wie wichtig es für das Aufziehen der kleinen Kinder ist, alles Gewaltsame und Unzarte zu vermeiden. Es muß absolut davor gewarnt werden, die Kinder im frühen Säuglingsalter — ehe sie noch bequem selbst sitzen können — über ein Töpflein zu halten, um sie auf diese Weise zur frühzeitigen Reinlichkeit zu erziehen. Tut man dies wie in England, — wo sozusagen unmittelbar nach der Geburt mit dem Topfe aufmarschiert wird — dann wird viel zu früh eine gewisse Bewußtheit in die Organe hineingetrieben. Dadurch werden manche von den lebendig-organischen Kräften des Kleinkindes geschwächt. Denn jedes Bewußtwerden eines Organes geht stets mit der Herabdämpfung sei-

---

7) Katherine Everett, Bricks and Flowers, The Reprint Society London, 1951.

ner Wachstums- und Lebenskräfte vor sich. Vielleicht steht dieses Bestreben nach möglichst früher Sauberkeit im Zusammenhange mit der Tatsache, daß gerade in diesem Lande mehr Bettnässer im späteren Alter zu finden sind als anderswo — zumindest scheint mir, als träfe man nirgends so viele Bettnässer wie in England. In dem erwähnten jüngsten Bericht über „Die Gesundheit des Schulkindes" wird angeführt, daß die Untersuchungen in einer so großen Stadt wie Birmingham folgendes Ergebnis hatten: Unter den Vierjährigen waren 16 % Bettnässer. Diese Zahl verringerte sich zu $2^1/_2$ % bei den Dreizehnjährigen und Älteren.

Ein Kind sollte keinesfalls früher an Sauberkeit gewöhnt werden, bevor es bequem aufrecht und frei auf dem Topfe sitzen kann. Das geschieht meist um dasselbe Alter, wenn die Kinder auch beginnen, die ganze Situation gerade zu verstehen. Die Zeit wird z. B. von manchen Autoren mit 10 bis 12 Monaten angegeben; dann ist die Entwicklung des Nervensystems der Kinder so weit gereift, daß sie ihren Blasen- und Darminhalt willentlich in das Töpfchen entlassen können. Myrtle B. McGraw [8]) hat z. B. an Zwillingen gezeigt, wie der eine Zwilling, den man von der 3. Woche an versucht hatte zu töpfen, kaum erfolgreicher in seiner Gewöhnung an den Topf war als der Zwillingsbruder, den man erst im Alter von 430 Tagen begann an Sauberkeit zu gewöhnen. Man kann sich gar nicht genug ausdenken, wie unnütz, quälend und schädlich es für den Säugling sein muß, ihn gewaltsam zu einer Funktion bringen zu wollen, die er gar nicht imstande ist von Natur aus zu leisten. Was in diesem wissenschaftlichen Buche vom Gesichtspunkte der kindlichen Muskel- und Nervenreifung mitgeteilt ist, bedeutet nur eine Bestätigung dessen, was uns die einfache Erfahrung lehrt. Man kann nämlich sehen, daß gesunde Kinder, die in den ersten 10 bis 12 Monaten nicht weiter mit dem Topfe belästigt worden sind, sich nach diesem Zeitpunkt leicht und wie selbstverständlich an Reinlichkeit gewöhnen. Mit etwa zwei Jahren sind sie dann

---

8) „The Neuromuscular Maturation of the human infant" by Myrtle B. McGraw, New York: Mornigside Heights, Columbia University Press, p. 143.

sauber, wenn sie nur rechtzeitig auf ihr Verlangen hingesetzt werden. An dieser Stelle ist auch darauf hinzuweisen, daß für die Hygiene des Kindes eine regelmäßige Darmentleerung von besonderer Wichtigkeit ist. Es empfiehlt sich, das Kind daran zu gewöhnen, sein Geschäft möglichst am Morgen, noch vor dem Frühstück, zu erledigen. Man braucht oft Jahre, um den richtigen Rhythmus zu erreichen, aber mit ruhiger Ausdauer ist dies möglich. Eine solche Gewöhnung ist für das ganze Leben vorteilhaft; das Kind fühlt sich am Morgen viel frischer und ist gut aufgelegt. Es liegt auch ein gewisser Grad von Sauberkeit darin, daß während des Tages die Gedanken nicht mehr den Darmfunktionen nachzuhängen brauchen.

Man darf nicht vergessen, daß die natürliche Stellung des Säuglings das Liegen in der Horizontalen ist. Die Mütter müßten immer wieder eindringlich darauf hingewiesen werden, die Kinder so lange waagrecht herumzutragen, bis sie bequem sitzen können.

Mit dem Zeitpunkt der menschlichen Geburt wandelt sich vieles in dem vorher so stillen Wachstum des Kindes, weil nun die Seele langsam in den Organismus einzieht. Zunächst umgibt sie ihn noch wie von außen und taucht dann mehr und mehr aus der Umwelt in den Leib ein. Sie beginnt ihn langsam umzugestalten. Drei Wege gewähren nach der Geburt der Seele den Eintritt in den Körper. Direkten Einfluß haben wir nur auf zwei dieser Bahnen, nämlich auf die Ernährung und die Welt der Sinne. Die dritte Bahn, die in jedem Falle eröffnet wird, ist in Atmung und Zirkulation zu suchen. Die Luftatmung bildet den vollkommenen Wendepunkt von dem ununterbrochenen Schlafe im Mutterleibe zum erwachenden Bewußtsein. Im Moment, da die Atmung durch die Luftwege einsetzt, kann das Kind auch schon Äußerungen seines Empfindungslebens geben: es schreit und deutet damit an, daß seine Seele unter Schmerz ihren Weg in den Körper gefunden hat. Es ist bemerkenswert, daß der Mensch unter den Schmerzen der Mutter geboren wird und mit Schreien das Ende seiner Geburt verkündet. Mit dem ersten Atemzug, der schon immer als der Augenblick der Beseelung betrachtet worden ist, findet bekanntlich eine wichtige physiologische Umwandlung statt;

das Blut nimmt andere Wege als vorher, der Lungenkreislauf richtet sich ein und ermöglicht dadurch die Atmung. Je jünger das Kind ist, um so unregelmäßiger und schneller sind die Atemzüge. Es dauert eine gewisse Zeit, die bis ins dritte Lebensjahr reicht, während der die Atmung des Menschen großen Unregelmäßigkeiten ausgesetzt ist. Diese Schwankungen sind einerseits tägliche, entsprechend dem kindlichen Zustande; d. h. je nachdem ob das Kind schläft oder wacht, aufmerksam oder träumend ist, sich wohl oder unwohl fühlt, vor oder nach der Mahlzeit ist. Andererseits ist das ungleichmäßige Atmen im Alter begründet; je jünger das Kind, um so labiler der Atemstrom, dessen Frequenz von 40 bis 50 beim Neugeborenen auf etwa 24 beim Zweijährigen, 20 beim Fünfjährigen und beim Neunjährigen auf ungefähr 18 in der Minute, wie bei dem gesunden Erwachsenen, herabsinkt. Die rhythmisch verlaufende Atmung, die zu den Schwingen des sich inkarnierenden Bewußtseins wird, ist ein Bild dafür, wie sich die Seele allmählich ihren Leib formt. Während der rhythmische Blutstrom die in Wärme gelöste Substanz flüssig durch den Körper leitet, bringt die Atmung eine gewisse Abkühlung mit jedem Atemstoß. Ja dann, wenn durch heftige Muskelbewegungen (bei der Arbeitsleistung Erwachsener z. B.) eine zu große Erhitzung des Körpers entstehen könnte, wird eine Abkühlung durch vertiefte und beschleunigte Atmung im besonderen erreicht (wenn natürlich auch andere Prozesse, wie Schwitzen eine Rolle spielen). Man kann sich nun gut vorstellen, wie durch diese Abkühlung, die ständig in intimer Abstufung beim Atmen entsteht, allmählich eine feine Modellierung in den sich aufbauenden Organen stattfindet. Die Abkühlung ruft gleichsam die Formkräfte herein, wie dies etwa in viel gröberer Weise bei der Auskristallisierung aus einer Salzlösung geschieht. (Das möge einem vielleicht als Hilfsvorstellung dienen, um sich das formende Wachstum des kindlichen Organismus zu vergegenwärtigen.)

So zeigt sich uns der eine Weg der Seele in den Körper dort, wo zwei rhythmische Prozesse ineinanderspielen: der wärmeerfüllte, auflösende Blutlauf, dessen sichtbarer Anzeiger das pulsierende Herz ist, und der Kühlung und Gestalt bringende

Luftstrom, dessen Ein- und Ausgang an der sich weitenden und abflachenden Brustwand bemerkbar wird. Dies ist der mittlere Weg der sich verkörpernden Seele des Menschen.

Das andere Vehikel der sich einlebenden Seele ist mit der Nahrung gegeben, die ebenfalls von außen an den Organismus herangebracht wird und sich durch die Vorgänge im Stoffwechsel verwandelt. Hier ist der untere Weg zu suchen.

Die dritte Bahn für den Eintritt der Seele in den Leib bildet die Gesamtheit der Sinne, die sich mit der Geburt nach außen hin öffnen und nach innen zu im Nervensystem endigen. Sie könnte man auch zusammenfassend den oberen Weg nennen.

5. Kapitel

DIE PFORTE DES WILLENS

I.

Berücksichtigen wir die drei Pforten, die sich ganz natürlich für die Menschenseele auftun, um in den kindlichen Organismus einzutreten, dann ergibt sich die von Rudolf Steiner ausgearbeitete Lehre von der Dreigliedrigkeit des menschlichen Organismus wie von selbst. Die Ernährung hat ihren Zentralpunkt in den Organen des Stoffwechsels. Von diesen Teilen des Organismus, also z. B. dem Verdauungstrakt und seinen Drüsen, wird der Leib hauptsächlich mit den Substanzen versorgt, die zu seinem Aufbau notwendig sind. Die Arbeit des Stoffwechselleibes durchdringt den gesamten Körper während des ganzen Lebens, gestaltet sich aber wohl am intensivsten in dem ersten Jahre des Kindes; dies ist schon aus einfachen Tatsachen zu erkennen. Ein gesunder Säugling wiegt im fünften Monat ungefähr doppelt so viel wie bei der Geburt und nach zwölf Monaten dreimal so viel; aber erst nach zwei vollen Lebensjahren ist das Geburtsgewicht vervierfacht. Diese Art der eigentlich wünschenswerten Gewichtszunahme trifft man nicht mehr häufig in unserer Zeit, weil eben die Kinder durch Über-Ernährung viel früher ein höheres Gewicht erreichen.

Man kann in keiner späteren Zeit des Lebens genauer beobachten als gerade im Säuglingsalter, wie sich der Mensch so vollkommen dem Genusse der Nahrungsaufnahme hingibt. Bis in die Gliedmaßen hinein setzen sich im Kinde beim Saugen die emsigen Trinkbewegungen fort; meist rühren sich noch alle Finger und Zehen. So verrät z. B. oft die große Zehe die Geschwindigkeit und den Rhythmus des Saugens. In dieser frühen Epoche zeigt sich fast noch mehr als später die nahe

Zusammengehörigkeit von Stoffwechsel und Gliedmaßen, wie dies Rudolf Steiner angegeben hat; er sprach ja direkt vom „Stoffwechsel-Gliedmaßen-System". Und noch etwas Weiteres wird einfach aus dem Bilde des trinkenden Säuglings offenbar: die Beziehung, die unmittelbar zwischen dem Stoffwechsel und dem Wollen besteht; denn sobald das Kind Hunger fühlt und Nahrung erhält, spannt der Wille fast jeden Muskel an, von der Mundmuskulatur angefangen, bis zu den Händen und Füßen hinunter.

An dem ersten Saugen des Kindes ist schon zu verfolgen, wie das Willensleben der Seele in den Leib vordringt und sich in die Gliedmaßen und die Organe des Stoffwechsels einlebt. Ein unerhörter Willensstoß ist notwendig — wie noch gezeigt werden muß —, um das Kind, das schlafend und fast bewußtlos geboren wird, zu einem aufrechtgehenden Wesen zu erwecken. Die Willensbewegung des Säuglings, die gleichsam den Nahrungsstrom begleitet, macht ja aus dem Kinde erst den richtigen Erdenbürger; derselbe Wille hat es aus einem vorirdischen in ein irdisches Dasein heruntergebracht. In alten Sitten schimmert oft noch vieles vom Wissen geistiger Tatsachen hindurch. So ist auch z. B. ein altgermanischer Brauch verständlich. Wurde dem Vater das Kind, das ihm geboren worden war, zum erstenmal gezeigt und hatte es noch keine Nahrung genossen, so hatte er das Recht, dem Kinde das Leben abzusprechen, falls er es nicht annehmen wollte. War aber schon ein Schluck Milch durch das Körperlein gegangen, dann durfte er es weder töten noch töten lassen; es gehörte schon der Erde an und der Vater wäre dadurch zum Mörder geworden — als solchen betrachtete man ihn aber nicht, wenn er das Kind umbrachte, ehe es noch einen Schluck Milch erhalten hatte; ohne genossene Nahrung war es sozusagen nicht der irdischen Welt zugeordnet und durfte vom Vater in die himmlische zurückgeschickt werden.

II.

Überlegt man sich die im Vorhergehenden angedeuteten Zusammenhänge zwischen dem sich entfaltenden Willen, dem

Stoffwechsel-Gliedmaßen-System und dem von außen herangebrachten Nahrungsstrom, so wird einem die Wichtigkeit der Nahrung im Kindesalter, besonders im frühen, unmittelbar klar. Einerseits kommt es auf die wirklich gute Qualität an und andererseits auf die für das Kind richtigen Substanzen. Es dürfte also kein Nahrungsstoff Verwendung finden, mit dem der Organismus noch nicht entsprechend fertig werden kann; sonst wird das ganze Willensleben gefährdet. Dies gilt in seinen Folgen sowohl für das anfängliche, als auch für das spätere Leben des Menschen. Ein Beispiel soll angeführt werden, das Rudolf Steiner zu verdanken ist. Es sei ohne „wissenschaftlichen" Beweis gebracht, aber jedermann zur Überlegung hingestellt. Er hat darauf hingewiesen, daß man es vermeiden solle, kleinen Kindern Eier als Nahrungsmittel zu geben, weil sie durch deren Genuß den gesunden Instinkt für die dem Organismus zuträgliche Nahrung in späteren Jahren verlieren.

Überlegt man sich, was denn so Spezielles im Ei stecke (gemeint ist vor allem selbstredend das gewöhnliche Hühnerei), so wird klar, daß es nicht nur eine sehr konzentrierte Anhäufung von Eiweiß (im chemischen Sinne) besitzt, mit dem kindliche Organe schon an und für sich nicht so leicht fertig werden, sondern es trägt alle Kräfte in sich, die, eng zusammengedrängt, ein vollkommenes Wesen hätten bilden können, nämlich das Hühnchen selbst. Es bedeutet vielfach eine zu große Arbeit, die dem kindlichen Organismus zugemutet wird, diese Kräfte völlig zu vernichten. Denn innerhalb des menschlichen Leibes muß durch den gewöhnlichen Weg der Verdauung alle Eigennatur der Nahrungssubstanz vernichtet werden. Also das Milcheiweiß hat beispielsweise völlig seinen „Kuhcharakter" zu verlieren, ehe es das Kind wirklich benützen kann. Alles beinahe, das sich nicht im Organismus derartig abbauen läßt, wirkt schädlich. Gerade beim Hühnerei können sich die schädigenden Folgen für den Körper sehr bald zeigen. Nicht nur die verschiedensten Kinder, sondern auch Erwachsene werden zuweilen so empfindlich für Eier, daß sie nach deren Genuß prompt Nesselsucht oder selbst Asthmaanfälle bekommen. (Der Verfasser könnte einen Fall anführen, wo ein Mann sofort Asthma bekam, sobald er z. B. von einem Kuchen aß, in dem auch nur Spuren von Ei verwendet worden waren.)

Eine solche Wirkung der Eier ist ja allgemein bekannt: in diesen Fällen zeigt sich die krankmachende Wirkung einer Nahrungssubstanz für manche überempfindliche Menschen unmittelbar. Die gewöhnlich als Allergie bezeichnete Reaktion ist zunächst nicht gemeint, wenn von dem Schwinden des gewöhnlichen Nahrungsinstinktes gesprochen wird. Aber man kann sich trotzdem gut vorstellen, wie kleine Kinder (je jünger um so schlimmer) zwar nicht „allergisch" zu sein brauchen, aber trotzdem nicht imstande sind, das Ei bei der Verdauung zu bewältigen. Dadurch wird natürlich manches im feineren Aufbau des kindlichen Leibes gestört. Diese Organstörung bringt es dann mit sich, daß die Kinder auch später, und als Erwachsene, nicht mehr den klaren Instinkt dafür haben, was und wieviel sie essen sollen. In der Tierwelt liegen die Verhältnisse ganz anders. Jedes Tier, wenn es nicht zu sehr durch Domestication verdorben worden ist, weiß durch seinen Instinkt genau, was ihm zuträglich ist. Im Menschen lebt auch etwas von einem richtigen Nahrungsinstinkt, d. h. er kann wissen, welche Nahrung ihm Schaden zufügt und welche ihm nützt. In den Tieren aber ist ein solcher Instinkt ganz wunderbar entwickelt. Wissen doch die weidenden Rinder, Pferde, Schafe oder Esel genau, wann sie genug haben und welche Pflanzen sie nicht fressen sollen. Beim Menschen kann durch falsche Ernährung in der Frühzeit des Lebens ein solcher Instinkt — z. B. eben durch das Essen von Eiern — sehr leicht verloren gehen.

Es gehört wohl auch zu den Krankheiten unserer Zeit, daß die Leute kaum mehr selbst wissen, was sie ohne Schaden essen können und was nicht oder wann sie gar aufzuhören haben. Dieser Mangel an gesundem Instinkt ist sicher mit ein Grund der zahlreichen „verdorbenen Mägen", unter denen die modernen Menschen so viel leiden. Die Grundlage für ein solches Magenübel kann eben schon in frühester Kindheit gelegt worden sein. An kleinen Kindern, falls sie nicht fehlerhaft gelenkt worden sind, ist eines sehr oft zu beobachten: sie spüren genau, wann sie genug haben. Die Pflegeperson muß sehr fein unterscheidend beobachten, wenn ein Kind die Nahrung zurückweist; denn es kann entweder verspielt, zu müde sein oder sich zu lebhaft gerade mit etwas anderem beschäftigen — aber auch wirkliche Abneigung gegen bestimmte Substanzen mag sich ebenso zeigen, wie das richtige Empfinden, genug gegessen zu haben. Später — meist unter dem Einfluß heutiger Kochmethoden — wissen die Kinder nicht mehr recht von sich selbst aus, wann sie tatsächlich satt sind. Anders liegen allerdings die Verhältnisse noch zwischen ein und zwei Jahren. Da kann man finden, daß ein Kind eine Frucht z. B. besonders liebt. Es stürzt sich gierig darauf, saugt den Saft aus — aber sobald es genügend genossen hat, läßt es mit größter Seelenruhe den Rest auf den Boden fallen und kümmert sich nicht weiter darum. Die philiströse Erzieherin wird mit allen Mitteln versuchen, dem Kinde solche „Unarten" auszutreiben und ihm „Ordnung" beibringen wollen. Sie müßte lieber verstehen, was in Wirklichkeit vorliegen kann: die sehr schätzenswerte Eigenschaft eines gesunden Nahrungsinstinktes. Der Verlust desselben in der Gegenwart geht aus der schon genannten Schrift „Die Gesundheit des Schulkindes" deutlich hervor. So erklärt z. B. ein Kinderspezialist die Frage, warum es heute so viel mehr fette Schulbuben gibt als vor 20 Jahren, so, daß eben diese Fettsucht durch einen Appetit entsteht, der weit über das wirkliche körperliche Bedürfnis geht. — In unserer hier gepflegten Sprache heißt dies aber nichts anderes, als daß die Kinder den Instinkt für das richtige Maß des Essens verloren haben.

III.

Das kleine Kind selbst lehrt uns, worauf Rudolf Steiner so stark hingewiesen hat: daß es ganz Willensnatur sei. Das sieht man schon an der Art, wie es seine Nahrung verlangt. Es schreit, wenn es hungrig ist, und es weint so lange, bis es endlich etwas erhält. Fließt z. B. die Milch in den Körper, dann arbeitet auch schon sofort das Willenselement intensiver im Leibe; der Weg des Willens wird gleichsam eröffnet und seine Organe in Tätigkeit versetzt. Der Hungerschrei des Kleinkindes ist die Sehnsucht eines Willens, den Eintritt in den Körper richtig zu finden. Hunger, der zu lange dauert und nicht gestillt wird, ist für das Kind ein wirklicher Seelenschmerz — er ist der Ausdruck des Leidens, wenn der wollenden Seele der Eingang in den Leib verwehrt wird.

Von dieser Seite her betrachtet, kann man eine Äußerung Rudolf Steiners verstehen, die manchem rätselhaft klingen mag: ein Kind, das im frühen Alter tüchtig schreien und weinen könne, werde im späteren Leben vermögen, starke moralische Kräfte zu entfalten. Dies kann man wohl so auslegen: wer als Kleinkind im Weinen den Ruf seines Willens kräftig erklingen läßt, der verrät schon darin einen machtvollen Willen, nach dessen Entfaltung sich das Menschenwesen sehnt. Woraus erblüht aber alle wahre Moral? Nur aus dem starken, richtig geleiteten Willen. Das Kind, das also tüchtig schreit, sei es nach Nahrung, sei es nach dem Besitz eines Gegenstandes, den es ergreifen möchte — jedesmal bändigt es seinen Willen an den Leib heran. Und so wird es kraftvolle Organe entwickeln dürfen, mit deren Hilfe es im späteren Leben die Möglichkeit haben kann, moralisch zu handeln.

An dem Phänomen des Hungers sieht man deutlich, wie sich das Wesen des Kindes, im ganz wortwörtlichen Sinne, „verinnerlicht“; der Wille der Seele wird hereingeholt in die Organe des Körpers, um dann im späteren Dasein von innen nach außen zu arbeiten. Eine solche Betrachtung des Menschen zeigt klar, daß der Charakter des späteren Lebens davon abhängt, wie die Kindheit geleitet worden ist.

IV.

Zu den wichtigsten Anstrengungen, die das menschliche Wesen macht, gehört der Willensakt, der das Kind aufrichtet. Heutzutage liegt die große Neigung vor, die kindliche Entwicklung zu beschleunigen; aber die gefährlichen Folgen davon für spätere Jahre vergißt man. Das Kind soll den Willen nur langsam üben, dann schafft es für sein individuelles, seelisches Wesen das richtige Heim. Noch zu Beginn dieses Jahrhunderts hatte man große Angst vor einer Krankheit, die die Entwicklung verzögerte und den Menschen nicht zur richtigen Zeit zur Aufrechtheit brachte. Das war die Rachitis. Das Kind blieb lange Zeit zu schwach, um seine Übungen, die es zum Aufrichten bringen, auszuführen. Es konnte seinen Kopf nicht mehr heben, weil dieser zu schwer und zu weich geworden war. Es wollte nicht sitzen, weil die Wirbelsäule und die Rippen nicht fest genug geworden waren. Und schließlich konnte es nicht stehen und laufen, weil die Knochen der Gliedmaßen erweichten. Heute ist das Interesse für diese Krankheit weitgehend im Schwinden — weil man verhältnismäßig nur selten ein wirklich rachitisches Kind in zivilisierten Gegenden antrifft. Seit entdeckt worden ist, daß das Kind frische Luft und Licht, am besten Sonnenlicht, braucht, ferner eine Nahrung, die selbst wieder vor allem durch die Kräfte des Lichtes wachsen konnte — seit man diese in den Nährstoffen eingefangenen Lichteskräfte entdeckte, ihnen den abstrakten Namen eines Vitamin D gegeben hat, lächelt man fast über die Gefahr der Rachitis; wie man etwa über die Gefahr der Gonorrhoe lächelt, seit die Antibiotika zur Behandlung dienen. Aber etwas Merkwürdiges stellt sich heraus. Jeder Säugling erhält noch immer Lebertran verordnet, der ihn gegen die Rachitis schützen soll. Ein eigentümlicher Zustand ist eingetreten: es wird eine vorbeugende Behandlung gegen eine Krankheit, die Rachitis, durchgeführt, die schon an und für sich unter den modernen hygienischen Verhältnissen beinahe verschwindet. Es wird also „erfolgreich“ gegen ein Leiden mit Lebertran gekämpft, das gar nicht erst ernstlich bekämpft zu werden brauchte — weil es nahezu aufgehört hat zu existieren. (Dabei soll natürlich gar nicht behauptet werden, daß unter bestimmten Verhältnissen nicht doch immer wieder die Rachitis zu finden sei.)

Dies ist nur ein Symptom dafür, was heute allgemein angestrebt wird. Während man früher leicht in den Fehler verfiel, die Inkarnation des Willens in den kindlichen Leib zu verlangsamen — geschieht in der Gegenwart das Umgekehrte. Die meisten hygienischen und erzieherischen Maßnahmen führen zu einer Entwicklungsbeschleunigung des kindlichen

Wesens. Man tut alles, um die Individualität so schnell als möglich in den physischen Leib zu drängen.

In der Art des Aufrichtens verrät das Kind die Kraft seiner Persönlichkeit, sein individuell Menschliches. Nun braucht jedes Kind eine bestimmte, für es notwendige Zeit, ehe es imstande ist, ein aufrechtes Geschöpf zu werden. Dafür wird als innerste körperliche Stütze ein wohl vorbereitetes Knochensystem benötigt. Die Aufrichtung vollzieht sich nun in drei Phasen, die den drei genannten Systemen des Organismus entsprechen.

Erstens ist das Kind bestrebt, den Kopf zu heben. Man soll ihm dabei gar nicht helfen, denn es beginnt von selbst damit, sobald das Kopfskelett die nötige Festigkeit erlangt hat. Alle vorzeitig versuchte Stütze von außen wird nur Schaden anrichten. Will man wissen, ob der Säugling schon so weit ist, daß er seinen Kopf selbst heben kann, so braucht er bloß auf sein Bäuchlein gelegt zu werden und man wird sehen, ob das Kindlein seinen Kopf zu drehen und zu heben vermag, oder ob es noch nicht dazu fähig ist.

Zweitens fängt das Kind nach einigen Monaten an, sich weiter aufzurichten, um selbständig zum Sitzen zu gelangen. Man soll es aber ja nicht aufsetzen, ehe es dies nicht aus eigener Kraft tun kann. Leider wird nur zu oft das Kind einfach zwischen Polstern aufrecht hingesetzt, ohne daß es noch die nötige Stärke besitzt. Da fühlt es sich nun gewaltsam in eine ihm unangemessene Stellung gedrängt. Ein solcher Säugling erscheint dem unvoreingenommenen Beobachter bloß wie ein leerer Sack, den man hinstellt. Das Kind fällt zwar nicht um, weil es doch künstlich gestützt wird, aber sein Seelisch-Geistiges durchdringt dieses Körperchen noch gar nicht; deshalb gleicht ein so zur Schau gestelltes Kind eher einer gewöhnlichen Puppe. Selbst die Augen, die ein lebendiger Spiegel der Seele sind, werden in ihrem Ausdruck blöde und hilflos.

Kann endlich der Kopf gehoben werden, so wird als Nächstes alle Kraftanstrengung gemacht, um den mittleren Teil des Körpers aufzurichten. Da helfen schon die Arme und Händchen tüchtig mit. Aber man bedenke genau, wie viel Festigkeit in den zahlreichen Wirbelknochen nötig ist, um ein richtiges Gleichgewicht beim Sitzen herzustellen, wobei noch selbstredend das runde Köpflein ebenfalls mitgehalten werden muß! Schon gar nicht darf die Arbeit der ganzen Muskulatur, die an dem Vorgange beteiligt ist, vergessen werden!

Und drittens kommt schließlich die Aufrichtung auf die Beine in Betracht. Diese erfordert aber eine endgültige Festigung und Durchdringung der gesamten Gliedmaßen; für dieses Stadium muß ebenfalls das schon vorher Erarbeitete beibehalten werden. Köpfchen und Wirbelsäule sollen ebenfalls die Vertikale erreichen können.

Ein dreistufiger Willensimpuls ist erforderlich, ehe ein Kind steht. Die Willensdurchdringung scheint demnach ihren Weg vom Kopf nach unten zu den Beinen zu nehmen. Bei genauer Beobachtung kann noch eine weitere Entwicklung der Bewegungsfähigkeit entdeckt werden, die fast gleichzeitig stattfindet. Und das ist der Wille zur vorwärtsgerichteten Bewegung. Seltsamerweise hat dieser Impuls auch seine drei Phasen. Die drei Stadien verlaufen aber eigentlich, soweit die Richtung in Betracht kommt, in umgekehrter Reihenfolge wie die eben beschriebenen Etappen des Kopfhebens, des Sitzens und Stehens.

Als erstes tritt das Bestreben auf, den gesamten Körper nach vorne zu schieben. Das gelingt im Anfang dem Kinde nur, wenn es auf dem Bauche liegt und mit seinen Gliedmaßen versucht, den Leib vorwärts zu rücken. Die Kinder üben eine Art Kriechen, das bloß langsam erreicht und meist erst möglich wird, nachdem das Kind einmal sitzen kann. Zuerst arbeiten Hände und Füße schiebend und stoßend gegen eine Unterlage.

Die zweite Phase, die nach einigen Monaten eintritt, zeigt sich im Aufrichten auf die Knie und dem Aufsetzen beider Arme auf den Boden. Die Kinder lieben dieses „Gehen auf allen Vieren“, wie es meist, wenn auch nicht ganz korrekt, genannt wird. Manche entwickeln sehr große Geschwindigkeit in dieser Art der Fortbewegung und wollen sie lange Zeit nicht aufgeben.

Und die dritte Phase der Vorwärtsbewegung, die oft nicht sehr lange zu dauern braucht, besteht in dem Versuche des

Kindes, sich beim Bewegen nicht mehr auf die Knie zu stützen, sondern mit gestreckten Beinen, hocherhobenem Hinterteil, steifen oberen Extremitäten und nach vorne gerichtetem Kopfe, tatsächlich auf allen Vieren zu gehen und nicht mehr zu rutschen. Nach diesem Stadium fängt das Kind gewöhnlich sehr bald an zu laufen. Es *scheint* bloß so, als ob die Aufrichtekraft sich nur durch einen Willensstoß entfalten würde, der von oben, kopfwärts, nach unten, fußwärts, vordringt, entsprechend der Art und Weise, wie sich das Knochensystem ausbildet. In Wirklichkeit waltet aber von unten nach oben hin noch ein zweiter Willensstoß in umgekehrter Richtung zum ersten. Der zweite Impuls ist ebenfalls unbedingt nötig, um das Kind zum aufrechten Gange zu veranlassen. Dieser Bewegungsstoß, der von unten beginnt, hat seinen Angriffspunkt mehr im Muskelsystem (wenn auch selbstverständlich die Knochen mit beteiligt sein müssen), während für den oberen Willensstoß, trotz der unbedingten Mitwirkung der Muskulatur, mehr das Knochenskelett den Hauptangriffspunkt bildet.

Das Geheimnis des Gehens liegt in der harmonischen Zusammenarbeit beider Willensströme.

V.

Sobald die Kinder durch das Aufrichten bis zum Stehen eine größere Bewegungsmöglichkeit erlangt haben, ergibt sich ein neues Erziehungsproblem. Was kann man tun, um die Gefahren zu vermeiden, denen ein so kleines und unerfahrenes Geschöpfchen ausgesetzt ist, das auf einmal die Fähigkeit erlangt, sich selbständig überall hinzubewegen, wohin es nur möchte?

Nun wird es in der gegenwärtigen Zeit immer mehr üblich, alles möglichst dem Prinzipe der Bequemlichkeit unterzuordnen. Das Erziehungswesen ist von solchen Bestrebungen nicht frei geblieben. Viele Mütter, deren Kinder noch sehr klein sind, wollen diese während des Tages vor allem „versorgt“ wissen, ohne sich selbst zu viel um das Wohl und Wehe der heranwachsenden Wesen kümmern zu müssen. Am liebsten schickte man da die Kinder, die noch zu jung sind, um in eine Schule zu gehen, in irgendeine Sammelstelle, wo Schwestern und Kindergärtnerinnen tun, was die Mütter nicht mehr imstande sind zu übernehmen.

Kinder sollen aber auch schon in einem Alter überwacht werden — Ende des ersten und Anfang des zweiten Jahres — in dem sie noch zu klein sind, um in den Kleinkindergarten zu gehen. Was geschieht mit diesen Kindern, die geschwind fortkriechen, sich plötzlich aufrichten, und wenn sie endlich laufen können überall hinlaufen wollen? Sie werden einfach in eine „Gehschule", auch „Laufstall" genannt, gebracht. Diese Einrichtung ist zu einer solchen Selbstverständlichkeit geworden, daß sich kaum jemand noch einen Gedanken darüber macht, was dadurch geschieht. Man möge sich aber einmal ganz unvoreingenommen überlegen, was eine „Gehschule" eigentlich ist, als hätte man ein solches Ding nie erblickt. In einem Quadrate, dessen Seiten ungefähr zwei Meter lang sind, wird eine Holzkonstruktion um das Kind gelegt. Vier Holzgitter, deren Pflöcke der Länge nach angeordnet sind, werden oben und unten durch ein Querbrettchen abgeschlossen. Je nach Größe des Kindes reicht das Gestell entweder bis zur Brust oder zu den Schultern. Das Ganze erscheint wie ein quadratischer Zaun oder auch wie eine Art Hühnerstall, der oben offen sein darf, weil ja bei dem Kinde nicht die Gefahr besteht, daß es fortflattern würde! Diesen Bau könnten wir ebenso gut auch ein tragbares Kindergefängnis nennen, in dem den Bewegungen des jungen Erdenbürgers durch Gitterstäbe Grenzen gesteckt werden müssen. Man kann die Gehschule überall aufstellen: in der Küche, in Wohn- und Badezimmern oder im Garten. Ist letzteres möglich, dann hängt es vielfach von der Ansicht des Erwachsenen und seinen Vorlieben ab, ob das Kind die ganze Zeit in prallem Sonnenschein oder im Schatten und wehendem Winde verbringen muß. In das kleine Gefangenenlager werden zur Unterhaltung alle möglichen Dinge geworfen: ein Ball, der gewöhnlich sehr bald hinausgefeuert wird und trotz kindlichen Schreiens nicht von selbst zu dem weinenden Besitzer zurückkehrt. In einer Ecke liegt noch ein großer brauner Teddybär, von dem der Bewohner der Zelle nicht viel Notiz nimmt. Alte und neue Puppen werden hier versammelt, Kochlöffel und bunte Bleistifte liegen herum, sogar alte Konservenbüchsen sind — meinen eigenen Beobachtungen nach — nicht schlecht genug, um sie dem Kinde als Unterhaltung anzubieten. Das Interesse für die genannten Herrlichkeiten, wenn es überhaupt vorhanden war, läßt sehr bald nach. Gewöhnlich lehnt das Kindchen gegen die Holzstäbe und läßt die Arme über das obere Brett seines Zaunes herabhängen. Es starrt alles an, schaut allem nach, was jenseits seiner Gefangenenzone zu sehen ist.

Solange noch ein anderes lebendes Wesen in der Nähe ist, versucht sich das Kind durch Mienen, Bewegungen oder Laute bemerkbar zu machen. Ist es aber nicht möglich, auf diese Weise die Verbindung mit der Umwelt aufzunehmen, dann beginnen die Kinder häufig, mit aller Macht an den Gitterstäben zu rütteln; manche tun dies in richtiger Wut. Wie lächerlich wirken dann diese bunten Kugeln, die oft an einer Seite der Gehschule aufgefädelt sind, um dem Kinde seinen Aufenthalt erfreulich zu gestalten!

Es kommt den Erziehern kaum je zum Bewußtsein, was in dem Kinde, das viele Stunden hindurch das Leben eines Gefangenen führen muß, vorgeht. Beim genauen Zusehen zeigt sich nämlich ganz deutlich, wie in dem eingesperrten Wesen immer wieder Hoffnungen aufsteigen, die der nächste Augenblick meist zunichte macht. Die erwachsenen Menschen lassen ihre Gedanken in voller Freiheit umherschweifen, da schütteln sie alle Hemmungen ab und lassen sich keine Grenzen stecken. Ähnlich will sich aber das kleine Kind mit seinen Gliedmaßen, die es endlich zu beherrschen lernt, so frei als möglich bewegen. Sobald etwas Lebendiges außerhalb der Gehschule auftaucht, will das Kind damit in Verbindung treten. Es erhofft sich Teilnahme, Liebe, Freude und Erfüllung seiner Wünsche von jenseits des quadratischen Raumes. Gewöhnlich wird es enttäuscht und fühlt sich von der Welt zurückgestoßen. Ebenso wie wir uns beklommen fühlen, einen Gedanken nicht mehr frei zu Ende denken zu können, so empfindet sich das Kind beengt, wenn es in seiner Bewegungsfreiheit stark eingeschränkt wird. Wir fühlen bei der Betrachtung des alleingelassenen Kindleins deutlich, wie das unbewußte, freie Ein- und Ausatmen gehindert wird. In früher Zeit des Lebens führt eine solche Funktionsstörung leicht zu organischen Veränderungen. Man kann sich nur zu gut vorstellen, in welcher Form die Folgen eines solchen Erziehungsfehlers in späteren Jahren herauskommen. Dies mag sich dann bei einem Menschen in innerer Unfreiheit, einer gewissen Ängstlichkeit und der Neigung zu viel auf sich selbst aufmerksam zu sein zeigen. Welche unmittelbaren Zustände aber im Verlauf des Gebrauches einer Gehschule entstehen können, mag noch durch einen besonders eindrucksvollen Fall gezeigt werden, der in einem interessanten Buche von Eric S. Waterhouse beschrieben wird:

„Ein trauriger Fall von Projektion bei einem jungen Kinde bezieht sich auf einen kleinen Knaben von vier Jahren, der in die Tavistock Clinic mit der Anfrage gebracht wurde, ob er wirklich geistig gestört sei. Er konnte nicht sprechen, bestand jedoch darauf, auf allen Vieren herumzurennen und wie ein Hund zu bellen. Nachforschungen stellten fest, daß er unter der Aufsicht einer Pflegemutter gewesen war, die ihn während des ganzen Tages einfach in einer Gehschule gelassen hatte und die ihm, außer daß sie ihm zu essen gab und ihn sauber hielt, keine Beachtung schenkte. Durch die Tatsache, daß er im Sinne des Gesetzes nicht „vernachlässigt" war, wurde die Schädigung seines geistigen Lebens nicht bemerkt. Die Frau besaß einige Hunde, die sie liebte und mit ihrer Zärtlichkeit überschüttete. Unter diesen Umständen ist es nicht sonderbar, daß das Kind die Hunde nachzuahmen suchte, um in einem unbewußten Wunsche die Aufmerksamkeit auf sich selbst zu lenken. Nachdem er von diesem Platz fortgenommen und einer Pflegemutter übergeben worden war, die für einen solchen Fall geeignet war, entwickelte er sich schnell und wurde in 18 Monaten ein normales Kind [1])."

Solche Beschreibungen und die vorangehenden Überlegungen legen es wirklich nahe, Einrichtungen wie die kindlichen

1) Psychology and Pastoral work by Eric S. Waterhouse, Professor of the Philosophy of Religion in the University of London. University of London Press, Ltd. Hodder and Stoughton, Ltd. 1939.

Gehschulen abzuschaffen, obwohl sie so praktisch und bequem für die Erzieher zu sein scheinen[2]). — Auf einen weiteren Fehler soll aufmerksam gemacht werden, der nur allzu häufig in der Zeit beobachtet wird, wenn das Kind so weit ist, daß man mit ihm ohne Kinderwagen „ausgehen" kann.

Da haben nämlich die Mütter oder andere Pflegepersonen eine besondere Art, mit den Kindern Spaziergänge zu machen. Die kleinen Buben oder Mädchen erhalten bestimmte Gürtel, die um die Brust herum geschnallt werden. Meist handelt es sich um Kinder vom zweiten bis etwa zum vierten, selbst fünften Jahre. Die Gurte sind von verschiedener Farbe, grün, rot oder braun und mehr oder weniger geschmacklos mit Stoffblumen oder kleinen Messingglöckchen verziert. Hinten ist links und rechts ein längerer Riemen angebracht, an dem der Erwachsene das Kindlein wie ein Pferdchen am Leitseil führen kann.

Welchen Vorteil bietet diese Methode? Die für die Kinder verantwortlichen Leute brauchen sich auf Wegen, und vor allem in den Straßen der Städte, nicht viel um die Kleinen zu sorgen. Das Kind rennt unbekümmert voraus und wird bloß mit einem leichten Zug an der Leine, wie ein Hündlein, zurückgehalten. Dieses gesicherte Laufen enthebt den Erwachsenen von jedem Gespräch mit dem Kindchen. Außerdem ist der vielleicht sehr große Mensch nicht genötigt, sich zu dem Kinde herabzubeugen, um es an der Hand zu führen. Ferner ist es leicht möglich, alle Päckchen zu tragen, ohne durch das Kind behindert zu werden. Es genügt, den Riemen um einen Finger zu schlingen. Man vermag also im Gehen bequem seinen Gedanken nachzuhängen, kann sich Auslagen und Leute betrachten und wird nicht gezwungen, jede Aufmerksamkeit auf das Kind zu richten. Trotzdem ist die beruhigende Gewißheit in einem, daß nichts „geschehen" könne. Das Kind wird

---

[2]) Obwohl mir von mütterlicher und väterlicher Seite heftige Vorwürfe wegen der hier ausgesprochenen radikalen Ansicht über den „Wert" der Gehschule gemacht wurden, konnte ich mich nicht dazu entschließen, mein Urteil in der Neuauflage zu mildern. Nicht einmal die Aufforderung von einem ärztlichen jungen Vater vermochte mich zu einer Änderung zu bewegen.

nicht fallen oder gar verloren gehen. Es kann auch kaum überfahren werden, wenn die Begleitperson nicht selbst unter die Räder gerät.

Jeder „vernünftige" Mensch muß zugeben, daß diese Erfindung der Kinder-Hundeleine eine sehr „gescheite" Erfindung sei, auf die mit Vergnügen und Wohlwollen geschaut werden dürfe!

Wer aber jemals mit vollem Verständnis erlebt hat, was es bedeutet, ein Wesen an der Hand zu führen, wird sofort einsehen, wieviel ein Kind (aber der Erwachsene im Grunde ebenso viel) verliert, wenn es wie ein Tierlein durch die Straßen geleitet wird. Darin zeigt sich einer der großen Fehler, die ein Mensch begeht, wenn er ein Kind an der Leine führt, daß er nämlich durch seine ganze Haltung verrät, wie er das Kind nicht wie seinesgleichen, sondern wie ein Tierchen behandelt.

Ein vierfüßiges Geschöpf kann ja gar nicht anders als mit einer Leine sicher geleitet werden! Aber das Kind hat sich nach einer bestimmten Zeit von seiner Vierfüßigkeit zur Aufrechtheit erhoben, es will zeigen, daß es wirklich ein Mensch ist und auch darum kämpft, es sein zu dürfen. Sein Herz trägt es jetzt der Welt entgegen und hat Arme und Hände frei. Geht man mit einem kleinen Kind und nimmt es bei der Hand, dann fühlen wir, wie es uns eigentlich alle Wärme und sein Vertrauen entgegenbringt. Wandern wir Hand in Hand mit dem Kinde durch die Straßen, so vermögen wir selbst alles zu spüren, was das Kind bewegt. Der feine Druck der zarten Fingerchen verrät Freude und Schmerz, Neugierde und Zurückhaltung, Liebe und Abneigung. Es ist, als würden die beiden Hände (die Hand des Kindes und die des Erwachsenen, der sie umspannt) ein wunderbares und intimes Seelengespräch miteinander führen. Ein Verständnis dafür gibt dem kleinen Wesen Halt, Schutz und vollkommene Sicherheit — dem Erwachsenen aber ein beglückendes Gefühl seiner Verantwortlichkeit. An älteren Geschwistern ist noch manchmal zu beobachten, daß sie begreifen, was es bedeutet, wenn sie das jüngere Brüderchen oder Schwesterchen an der Hand leiten dürfen.

Aber die „Kinder-Leine“ trennt den Menschen vom Menschen, den wachsenden vom erwachsenen. Sie scheint vielleicht für manche nur eine kleine und unbedeutende Sache zu sein, macht jedoch sehr eindrucksvoll auf ein tiefes soziales Problem der Gegenwart aufmerksam: wie finden die Menschen zueinander?

Der Vollständigkeit halber sei schließlich noch auf eine Gewohnheit hingewiesen, die sich beim Herumführen kleiner Kinder ergibt und einer Korrektur bedarf.

Man sieht jetzt Kinder, die oft nicht älter als zwei Jahre sein mögen, in einem Körbchen sitzen, das hinter dem Sattel des Fahrrades befestigt ist. Die Beobachtung zeigt, daß es für den kleinen Mitfahrer kein großes Vergnügen bedeutet, auf diese Weise durch die Welt zu eilen; denn die Aufmerksamkeit des Erwachsenen muß auf den Weg gerichtet sein und jede wirkliche Verbindung mit dem Kinde ist abgeschnitten. Der junge Erdenbürger fühlt sich auf seinem Sitze sehr verlassen. Wenn er nach vorne blickt, hat er den gewaltigen Körper von Vater oder Mutter vor sich. Die Bewegungsfreiheit des kleinen Wesens ist sehr eingeschränkt. Es vermag den Kopf höchstens nach der Seite zu wenden, was manche Kinder ununterbrochen tun. Darin drückt sich unzweideutig die Sehnsucht aus, mit den Blicken etwas anderes zu erreichen als die Rückenansicht des Behüters vor ihm. An windigen Tagen wird es für manche Kinder qualvoll, fortwährend dem heftigen Luftzuge ausgesetzt zu sein. Sie greifen dann mit beiden Händchen nach den fliegenden Haaren und kneifen die Augenlider fest zusammen. Was immer auch das Kindchen will, es kann ihm nicht geholfen werden. Die Pflegeperson hört es nicht und das Kind wird in ein Gefühl von Verlassenheit gestoßen. Der Schutz, den es in diesen Jahren so dringend nötig hat, ist von ihm genommen. Wenn schon die Umstände es unbedingt erfordern, ein so kleines Kind auf dem Rade mitzunehmen, soll man es doch lieber nach vorne hinsetzen, wie das manche Leute ganz vernünftig tun. Es ist dann von den Armen des Fahrers beschützt, hat freien Blick und kann jederzeit die Verbindung mit dem Erwachsenen aufnehmen.

VI.

Die Aufrechtheit wird, wie bereits erwähnt, nur erreicht werden, wenn das große Stützgerüst des Leibes, das Knochensystem, richtig aufgebaut ist. Der Stoffwechsel des Menschen arbeitet darauf hin, die wichtigen Substanzen, Calcium und Phosphor, in richtiger Menge im Blute zu verteilen, um dann in entsprechender Weise dem Knochenaufbau zu dienen. Man kann sich diesen Vorgang nicht zart genug vorstellen, wie im kindlichen Skelett Knochenbälkchen um Knochenbälkchen ersteht, abgebaut und wieder verstärkt aufgerichtet wird. In all diese Substanzen dringt gestaltend die individuelle Willenskraft des Menschen ein und bildet sich den ihm gemäßen Leib heran. An der Präzision und Feinheit dieser Arbeit wird einem sofort klar, wie unerwünscht es sein muß, das Kind in diesem Vorgang der natürlichen Entwicklung zu stören oder unrichtig zu beeinflussen. Alle Beschleunigung — soweit sie nicht unbedingt nötig ist, weil sonst eine Krankheit entstünde — sollte verhindert werden. Leider geht aber gerade heutzutage fast alles Bestreben dahin, die Geschwindigkeit des Wachstums nur ja zu erhöhen [3]). Dies geschieht aber schon durch die überall eingeführte vorbeugende Behandlung gegen

---

[3]) Charakterstisch für diese Absicht sind Versuche in jüngster Zeit. So beschreibt ein Professor der Physiologie interessante Experimente: er versuchte Ratten mit besonders zubereitetem Leberpulver zu füttern und fand heraus, daß sie schwerer und größer als die Kontrolltiere wurden. Begeistert von dem Resultat, wendet er sich von den Ratten den Kindern zwischen 2 und 3 Jahren zu. Er wählt 75 Kinder aus Kindergärten. Es sind lauter gesunde Knaben und Mädchen und er experimentiert ganz genau, wie er es eben von den Ratten her gewohnt ist. Soundsoviele Kinder erhalten täglich 1—2 Gramm Leberpulver in Schokolade, ebensoviele Schokolade ohne Pulver. 13 Wochen geht das Experiment. Natürlich werden alle Kinder genauestens gemessen und gewogen. Und das Ergebnis? Die mit Leber gefütterten Kinder sind durchschnittlich um 0,55 cm größer und 285 g schwerer als die sogenannten Kontrollkinder. (Effect of Liver Supplement on Growth of Children, von John Yudkin, Prof. of Physiology, King's College of Household and Social Science, University of London. Brit. Med. Journal, 28. 6. 1952.) Kein Mensch fragt danach, ob man ein Recht habe, Kinder größer und schwerer zu machen als es ihrer Natur entspricht. Denn die Versuchskinder waren durchweg gesund. Ob wohl in Zukunft alle Kinder vom Staate aus nicht nur mit Trockenmilch, Lebertran, conserviertem Orangensaft — sondern auch mit „Leber-Schokolade" gratis versorgt werden sollen?

Rachitis, eine Krankheit, die, wie erwähnt, bei der sonst üblichen modernen Hygiene ohnedies gewöhnlich verhindert wird. So wunderbar einerseits auch für das Verständnis gewisser Vorgänge die Entdeckung der sogenannten Vitamine geworden ist, so verheerend wirkte auch wieder andererseits die Anwendung dieser Stoffe. Ein Beispiel dafür bietet die so oft durchgeführte antirachitische Prophylaxe. Das bekannte Vitamin D — das ja heute mehr zu den Veteranen der vielen Vitamine zu rechnen ist — hat seinen bestimmten Einfluß auf den Calcium- und Phosphorgehalt des Blutes. Dieses Vitamin D wird vorwiegend in der Leber [4]) angereichert und aufbewahrt, bis zu einem gewissen Maß auch in der Haut, Milz, dem Gehirn und den Knochen. Das aufgespeicherte Vitamin gewinnt aus diesen Organen nur langsam seine Freiheit und bewirkt ein gewisses Festhalten von Phosphor und Calcium im Körper. Nun hat man, wie schon vorher ausgeführt, auch heute die Ansicht, daß die reine Muttermilch alles Nötige für die Ernährung des Säuglings in einer geradezu wunderbaren Weise enthält. Die amerikanischen Ernährungsspezialisten stellen fest, daß Muttermilch ebenso wie Kuhmilch, etwa 3 bis 40 Einheiten des D-Vitamin in 2 pints [5]) enthalten. Nun wird die Meinung vertreten, dies sei viel zu wenig und es müsse daher — wenigstens die Kuhmilch — mit Vitamin D angereichert werden. Ganz Amerika „verstärkt" also die so viel in der Säuglingsernährung verwendete Trockenmilch mit 400 Einheiten in 2 pints. Dies ist mindestens zehnmal so viel als die natürliche Muttermilch (und auch Kuhmilch) enthält. Das künstlich ernährte Kind erhält also in der Regel — mindestens in Amerika — eine viel mehr Vitamin D enthaltende Milch als jedes Brustkind. Bedenkt man ferner, daß jeder Teelöffel Lebertran 600 bis 900 Einheiten des D-Vitamin enthält und daß jeder Mutter, die zur Säuglingsfürsorge geht — zumindesten in England — der Lebertran strengstens anempfohlen und gratis in die Hand gedrückt wird — so ist es von vornherein vollkommen klar, daß fast alle kleinen Kinder, ob sie es brauchen oder nicht, D-Vitamin aufgedrängt erhalten. Was heißt das aber mit

[4]) Daher die Anwendung von Leber-Tran bei Mangel an D-Vitamin.
[5]) Etwa 1,136 Liter.

anderen Worten? Der Säugling bekommt eine Substanz ganz willkürlich verabfolgt, die — wissenschaftlich nachgewiesen — eine stärkere Zurückhaltung von Calcium und Phosphor im Organismus bewirkt. Das Knochengerüst muß also z. B. dadurch schon im zarten Alter anders aufgebaut werden, als es dem individuellen Menschenwesen eigentlich entsprechen würde. Es wird der Knochen zunächst kräftiger und materieller — also weniger fein aufgebaut. Ja, es wurde sogar genau nachgewiesen, daß Säuglinge, die mehr als das Minimum des unbedingt nötigen Vitamin D erhalten, stärker wachsen als der Durchschnitt der Kinder. Das hat unbedingt auch seinen Rückschlag auf die ganze Organisation, die nicht nur mehr wächst, sondern auch viel dichter werden muß. Damit wird es unmittelbar klar, daß ein in dieser Weise vergröberter Leib für das Geistige und Seelische des Menschen weniger durchlässig werden muß. Allerdings glaubt man auf diese Weise den großen Vorteil erreicht zu haben, daß kaum ein Kind mehr an Rachitis erkrankt. Bei einer solchen Überernährung mit D-Vitaminen lernen die Kinder auch schneller stehen und laufen. Um wie vieles früher sie aber am Ende des Lebens sklerotisch und alt werden, wird kaum in Erwägung gezogen. Es sei damit gar nicht behauptet, daß diese Menschen deshalb früher sterben müssen — aber sie verhärten leichter, vergreisen frühzeitiger und verfallen stärker der Erdenschwere.

Um jedem Mißverständnis weniger biologisch geschulter Menschen zu begegnen, sei ausdrücklich betont: es ist selbstredend nicht der im Säugling zurückgehaltene Kalk, der sich dann etwa im alten Menschen in den Gefäßen ablagert, sondern durch die beschleunigte Entwicklung verliert der Körper in verschiedenen Organen seine feine Lebendigkeit. Der dadurch vergröberte Aufbau des Organismus führt zu schnellerem Altern in späteren Lebensjahren.

Hinzugefügt sei noch, daß man leicht einwenden könnte, für diese Behauptungen fehlen noch wirkliche Beweise. Muß aber wirklich erst auf Experimente gewartet werden, wenn Dinge aus der gewöhnlichen Überlegung heraus unmittelbar einleuchten? Rudolf Steiner machte schon vor langer Zeit darauf aufmerksam, wie das gewaltsame Bestreben, ein Kind schneller zum Stehen und Gehen zu veranlassen, gegen Ende des Lebens gerade vorzeitige Sklerose oder Rheumatismus zur Folge haben kann.

Diese Vorliebe, eine Entwicklungsbeschleunigung des Kindes zu erreichen, zeigt sich in der Einführung des sogenannten Säuglingsturnens, das heute noch mehr als je propagiert wird. Die Früh-Gymnastik der Kinder, die noch vor dem ersten Halbjahr begonnen wird, ist absolut zu verwerfen, weil durch dieses Turnen mit Gewalt eine viel schnellere Funktion und Beherrschung der Muskulatur des Kindes bewerkstelligt wird. Wie so häufig in der Gegenwart preist man gerade das Umgekehrte von dem an, was der Entwicklung des Kindes gemäß wäre. Denn in Wahrheit sollte nicht nur das Säuglings-Turnen unterlassen werden, sondern man müßte sogar darauf achten, das Kind nicht zu früh und zu lange frei strampeln zu lassen. Es sollte ja wirklich immer wie von einer Atmosphäre gleichmäßiger Wärme und Ruhe umgeben sein. Dann bildet sich der Organismus ungestört aus. Wird dem nicht genügend Rechnung getragen in den ersten drei bis vier Monaten, indem man das Kind zu lange am Tage sich frei bewegen läßt, so hat dies bestimmte Folgen. Sie kommen dann, vor allem seelisch, erst in späteren Jahren heraus; es bleibt die Seele zu wenig mit dem physischen Organismus wie schützend verbunden: sie strebt zu sehr nach außen. Jetzt ist *sie* es, die gleichsam „strampelt" und Oberflächlichkeit und Zerfahrenheit des Menschen veranlaßt. Dem kann vorgebeugt werden durch das Steckkissen, das zwar für furchtbar altmodisch gehalten wird — aber doch das viele Bewegen der Gliedmaßen, besonders auch nachts, entsprechend einschränkt. Selbstredend muß auch hier das richtige Maß eingehalten werden; denn wenn die Kinder zu lange Zeit sich nicht frei bewegen, verlieren sie die richtige Elastizität ihrer Gewebe und werden zu schwerfällig; die Hemmungen können bis in das Gebiet des Sprechens reichen. Es entsteht innerlich eine Stauung wie etwa bei Asthma oder Stottern.

In dem Augenblick, wo das Kind imstande ist, seinen Willen so in den Körper hineinzubringen, daß Bewegung entsteht, beginnt es ganz von selbst, diese Bewegungen zu üben. Es wird

z. B. lange sich bemühen, immer wieder das Köpflein zu heben, bis es schließlich ermüdet aufhört. Wann die Ermüdung eintritt, weiß das Kind am besten selbst, und niemand sollte von außen her eingreifen und spezielle Übungen erfinden, um z. B. das Rückgrat zu stärken oder dieFußmuskulatur zu kräftigen. Es ist heute viel zu sehr üblich geworden, nur einen relativen Unterschied zu sehen zwischen einem ganz kleinen Kinde und einem jungen Menschen, sagen wir von 14 Jahren oder gar einem Erwachsenen. Was dem Erwachsenen oder Halberwachsenen gut tut, z. B. das Üben der Muskelkräfte in einer bestimmten und vernünftigen Art, das — so meint man — muß auch dem Kleinkinde nützen. Durch solche Schlüsse kommt es dann auch zu der verderblichen Anpreisung einer kindlichen Abhärtung, die durchaus abzulehnen ist. Die kleinen Kinder müssen nicht nur nach der Geburt, sondern noch lange Zeit nachher so warm als möglich gehalten werden. Alle kalten Waschungen, die so häufig von Naturheilkundigen angepriesen werden, sind zu verwerfen. Durch diese kalten Schocks wird eigentlich das Bewußtsein zu intensiv in den Leib hineingerissen. Es entsteht auf diese Weise die Gefahr einer gewissen Organversteifung bei den Kindern.

Übrigens kann man vollkommen davon überzeugt sein, daß bei wirklich strenger Beachtung der dem Kinde zuträglichen Wärmeverhältnisse eine unendliche Anzahl sogenannter Verkühlungen im Winter vermieden werden könnten. Der wachsende Mensch benötigt noch für sehr lange Zeit den richtigen Wärmeschutz von außen, um sich langsam seinen ihm entsprechenden Leib aufzubauen. Wie verderblich sind besonders in den westlichen Ländern für die Kinder die kalten Schlafzimmer im Winter! Obwohl man dort ächzt und stöhnt unter den Erkältungskrankheiten von groß und klein, werden die naheliegendsten Ursachen doch nicht aus der Welt geschafft. Lebertran, gemischte Vitamine, Vakzine — all dies wird zur Abwehr herbeigerufen (meistens mit nicht sehr großem Erfolge), während wahrscheinlich richtige Heizung und warme Kleidung bei zuträglicher Ernährung die beste Hilfe bedeuten würden.

VII.

Ein Ausdruck des im Körper arbeitenden Willens ist auch der Durchbruch der ersten Zähne. Er hängt ebenfalls mit der Aufrichtekraft zusammen. Im allgemeinen ist der Zeitpunkt, wann das Kind die Zähne bekommt, entsprechend der Geschwindigkeit, mit der es lernt sich aufzurichten. Man wird also bemerken, daß jene Kinder früh laufen können, die auch ihre Zähne frühzeitig bekommen. Eine sehr große Anstrengung des im Organismus wirkenden Willens muß gemacht werden, um die härteste Substanz im Menschen, die Zähne, zu der Bewegung nach unten und oben zu bringen. Moderne Autoren lieben es häufig, die Erzählungen von den oft großen Schwierigkeiten, die während der Zahnung auftreten sollen, zu belächeln. Und doch steht es für die meisten Praktiker und viele Mütter fest, daß die erste Zahnung im Leben der Kleinkinder eine kritische Epoche darstellt. Sie sind schlecht aufgelegt, wollen nicht essen, schlafen unruhig oder nur wenig. Sie neigen gerade dann zu Erkrankungen des Darms und haben leicht Fieber. Die Konzentrierung der Kräfte auf das Durchbrechen der Zähne schwächt andere Gebiete des Leibes. Die Steigerung der organischen Willensanstrengung, sogar bis zu dem Auftreten von Krämpfen, ist ganz verständlich. Lebt man sich z. B. in das starke Willensleben des Kindes ein, wie es schon kurze Zeit später in äußeren Handlungen zutage tritt, dann gewinnt man auch ein Verständnis für den großen Aufruhr in der Zeit des Zahnens. Ein Kind, das gehen kann, also gewöhnlich bereits dem zweiten Lebensjahr angehört, zeigt einen unbändigen Willen, wenn es etwas erreichen oder tun möchte. Beabsichtigt es etwa einen bestimmten Weg durch eine Türe zu gehen, so wird es mit allen Mitteln immer wieder versuchen, sein Ziel zu erreichen. Erweist sich aber das Hindernis schließlich doch für zu groß — z. B. in Gestalt eines Erwachsenen, der eingreift — so geraten manche Kinder in Wut, sie toben, werfen sich zur Erde und schreien. Nun wirken — so müßte man sich ja derartige Vorgänge des Lebens vorstellen — gewisse Kräfte zunächst innerlich organisch. Es arbeitet also der Wille zunächst intensiv an dem Hervorstoßen der Zähne; wird diese Arbeit zu schwer und kann der Willensstoß nicht zu seinem Ziele durchdringen (wie dies später bei dem Kinde der Fall sein kann, wenn es verhindert wird durch jene Türe zu gehen), dann beteiligt sich der ganze Leib an dem Kampf; der Wille wird gleichsam blind und tobend. Er gebärdet sich in der Zeit des Zahnens eben *innerorganisch*, ebenso wie später nach *außen* hin, wenn dem Kinde ein Hemmnis entgegentritt. Die Stauung dieses Willens, der keinen Ausweg findet, führt schließlich zu Krämpfen. Muskelkrämpfe und Zuckungen bedeuten letzten Endes nichts anderes als ein unkontrolliertes Willensleben in gewissen Organen. In dem vorliegenden Falle sind es verschiedene Muskeln.

In diesem Zusammenhang ist es wert zu erwähnen, daß auch andere Krämpfe des frühen Kindesalters ähnlich verstanden werden können wie die „Zahnungskrämpfe". Jene Anfälle sind gemeint, in denen Kinder plötzlich unter Zuckungen (sogenannten klonischen Zuckungen) am ganzen Leibe leiden. Sie verlieren ihr Bewußtsein, und wenn der Zustand längere Zeit anhält kann er für das Kind bedenklich werden. Sehr oft liegt diesen Zufällen eine Störung in der Ernährung zugrunde — eine Ernährung, die auch mit der Entstehung der Rachitis zusammenhängt. Im Blute findet sich meist ein Mangel an Calcium.

Was liegt in solchen Fällen vor? Der Willensteil des menschlichen Wesens ist bestrebt, seine physische Wohnung richtig auszubauen. Durch das Fehlen gewisser Stoffe, sei es infolge falscher Ernährung, sei es infolge besonderer Organschwäche und Drüsenstörungen, vermag der Wille den Organismus nicht mehr gleichmäßig und harmonisch zu durchdringen. Diese Stauung des Willens führt zu dem Ausbruch der Kinderkrämpfe. Ihnen liegen die gleichen Schwierigkeiten zugrunde wie den krankhaften Zuständen während des Zahnens. Der Unterschied ist bloß ein gradueller, der sich aber verwischt, sobald die Zahnung wirklich von Krampfanfällen begleitet wird.

Die Betätigung des Willens ist immer mit einer Wärmeerhöhung verbunden. Der arbeitende Muskel ist stärker vom Blute durchströmt und wärmer als der ruhende. Auch bei diesen Zahnkrämpfen führt die Willensstauung zu einer inneren Wärmestauung. Daher findet man während des Zahnens oft die Zeichen der Entzündung, wie das auftretende Fieber, das gerötete und geschwollene Zahnfleisch. Mangelt ein Weg nach außen, fehlt das richtige Ventil, so erfolgt der Krampf. Daher ist im Augenblick des Krampfes das heiße Bad, das Bürsten der Haut oder Abreiben mit Senfmehl die geeignetste Behandlung; denn auf diese Weise wird eine wirkliche „Ableitung auf die Haut" erreicht. Man heizt die Peripherie und entlastet damit das Zentrum. — In schweren Fällen kann es nötig sein, den Wärmeorganismus durch ein narkotisches Mittel abzulähmen. Durch eine solche Behandlung wird der Wille einfach gewaltsam aus den betroffenen Organen hinausgedrängt; die Zuckungen hören auf, und eine richtige Wärmeregulierung tritt wieder ein. Dies ist natürlich ein tiefgreifender Eingriff, den man nur im Momente der Gefahr anwenden sollte.

VIII.

Es ist wohl nicht möglich, von der Hygiene der frühen kindlichen Entwicklung zu sprechen, ohne auf das Problem der Impfung einzugehen. Die gegenwärtige Ansicht offizieller Stellen geht ungefähr dahin, alle Kinder zwischen 3 und 6 Monaten gegen Blattern zu impfen und um das zweite Lebenshalbjahr gegen Diphtherie und Keuchhusten zu immunisieren. In jüngster Zeit hat die von Amerika ausgehende vorbeugende Impfung gegen Poliomyelitis, die Kinderlähmung, die größte Verbreitung gefunden und wird schon in vielen Ländern unternommen. Ferner überlegt man sich in ärztlichen Kreisen immer mehr, die prophylaktische Impfung gegen Tetanus in einem viel größeren Ausmaße als bisher durchzuführen. Dazu kommt noch die Möglichkeit einer Impfung gegen Tuberkulose, wie diese in verschiedenen Ländern, ausgehend von Frankreich, heute durchgeführt wird — allerdings werden, wenigstens bisher, nur jene kleinen Kinder herangezogen, die durch ihre unmittelbare Umgebung direkt gefährdet sind. Es soll keine Diskussion für oder gegen Impfung und

Immunisierung eröffnet werden. Aber im Rahmen der hier vertretenen Auffassung sei kurz dargestellt, was einem Kind geschieht, das durch solche vorbeugenden Behandlungen gehen muß.

Man nehme also beispielsweise einen sechsmonatigen Säugling, der gegen Blattern geimpft wird. Er hat bisher mit dem Willen versucht, sich seinen physischen Organismus langsam aufzubauen. Die Nahrungsstoffe, die an das Kind herangebracht wurden, haben im Körper, auf dem Wege der Verdauung, ihren Eigencharakter verloren, wirken somit nicht mehr störend im Leibe. Die Anregung zum Neuaufbau wird sogar besonders durch die Zerstörung der Eigenstofflichkeit der Substanzen bewirkt. Das heißt, daß z. B. gerade alle notwendige Drüsentätigkeit, durch die bei der Verdauung die eingenommenen Nahrungsstoffe abgebaut werden, nur ein Ziel haben kann: die Bildung des kindlichen Leibes zu ermöglichen. Die eigene Willensnatur vermag hier mit dem Aufbau einzusetzen, nachdem sie alles Fremdartige vernichtet hat. Nur so wird der Leib schrittweise ganz aus den individuellen Kräften des Menschen selbst gestaltet — auch wenn er fortwährend die eingeführte Nahrung als Antrieb benötigt.

Das Kind bringt z. B. schon die Fähigkeit mit, das Eiweiß der Milch richtig abzubauen. Die Funktion der Verdauungsdrüsen gibt dem Willen erst den Anstoß, in den Körper einzudringen. Da wird Platz für ihn geschaffen. Sobald das Fremde ausgelöscht wird, kann sich gerade der individuelle, neue Leib weiter aufbauen. Kurz gesagt: in der Zerstörung der fremden Eiweißsubstanzen im Verdauungstrakt wacht zugleich die Fähigkeit auf, dem Menschen sein ihm eigentümliches Eiweiß neu zu bilden. Das kleine Kind braucht eine gewisse Zeit, um das richtig tun zu können. Am leichtesten geht es eben — wie vorher gezeigt — mit der Muttermilch. Da ist noch am wenigsten Anstrengung nötig, um das Fremde, das aber selbst ein nah Verwandtes darstellt, zu zerstören. Daher werden die noch zarten Kräfte des Kindes durch die Muttermilch am meisten geschont. Es kann mit dieser Form artfremden Eiweißes am ehesten fertig werden. Vielleicht wird, von diesem Gesichtspunkt aus betrachtet, noch viel leichter verständlich, weshalb die Muttermilch wirklich die ideale Nahrung ist. Durch sie wird nämlich die Entwicklung des Kindes von der Stoffwechselseite her weder verlangsamt noch auch unnatürlich beschleunigt. Ein harmonischer Aufbau der Organe ist ermöglicht. All dies mußte vorausgeschickt werden, um zu erklären, welche Vorgänge dann bei der Impfung in Betracht kommen.

Für die Blattern-Impfung wird die sogenannte Lymphe des Kalbes in den menschlichen Organismus gebracht; diese Lymphe ist nichts anderes als der Inhalt einer im Tiere erzeugten, abgeschwächten Blatternpustel. Auf dem Wege der Haut, die geimpft wird, dringt etwas von dem im Tiere erzeugten Blatterngift ein. Dadurch entsteht eine gewisse Reaktion im kindlichen Organismus, die man eigentlich als einen außerordentlich starken Willensstoß von innen her betrachten muß. Ein Fremdes ist von außen her eingedrungen, macht den Leib in leichter Form krank. Die entstehende Impfblase ist das äußere Zeichen dafür. Aber gerade die Anstrengung, die es kostet, diese Pustel hervorzurufen, erzeugt im Blute des Geimpften auf Jahre hinaus eine Art Schutznetz gegen spätere Blatternansteckung. Wenn auch diese Vorstellung eines Schutznetzes nur als ein Bild zu nehmen ist, um sich leichter verständlich zu machen, so ist damit zumindest eine im Blute des Menschen erzeugte Kraft gemeint, die vorher nicht darinnen war. Zweifach ist der Ursprung dieser Kraft. Erstens vom Tiere, das den Impfstoff liefert und zweitens von dem Willensimpuls im menschlichen Organismus, der mit dem Eindringling fertig werden muß. Vom Standpunkte der stetigen und harmonischen Entwicklung des Kindes aus gesehen, sind beide im Körper wirkenden Komponenten eine tiefgreifende Störung.

Geht man einerseits zunächst auf den inneren Willensstoß ein, zu dem das Kind in seiner Reaktion gegen die Lymphe aufgerufen wird, so ist es ganz klar, daß dieser gar nicht auf dem Wege des natürlichen Heranwachsens liegt. Denn viele Krankheiten — wie die Kinderkrankheiten z. B. — haben, im großen und ganzen gesehen, ihre bestimmten Zeiten, die in der Entwicklung begründet sind. Die Impfkrankheit — wenn dieser Ausdruck erlaubt sei — ist ganz willkürlich heraufgerufen und zwingt das Kind zu einer Anstrengung, die es zunächst gar nicht machen sollte; was geschieht, ist also entwicklungsfremd für den Menschen.

Andrerseits wird durch den Impfstoff etwas in den kindlichen Leib eingepflanzt, das nicht, wie die Nahrung, seines tierischen Charakters ganz entkleidet wurde. Die Impfung vermeidet gerade den Weg der gewöhnlichen Verdauung, durch die alles Artfremde vernichtet wird: es dringen Substanzen direkt in das menschliche Blut, die von Natur aus nicht hineingehören. Man wird vielleicht einwenden, es sei nur sehr wenig — aber dies ist wohl kein Einwand; denn dieses Wenige hat doch Kraft genug, um z. B. unter Umständen eine so machtvolle Krankheit wie die Blattern zu verhindern. Außerdem zeigt die medizinische Wissenschaft, daß oft sehr geringe Mengen eine sehr gewaltige Wirkung haben können. Man sieht dies nicht nur in der homöopathischen Medizin, die mit hohen Verdünnungen der Medikamente arbeitet — sondern an jenen Substanzen, die als Vitamine, Fermente und Hormone bezeichnet werden. Sie haben große Wirkungen in sehr geringer Substanzmenge.

Ohne daß etwas gegen die tatsächliche Wirksamkeit der Blatternimpfung zur Vorbeugung der Pocken gesagt werden kann, sei auf die Folgen hingewiesen, die eine solche vorbeugende Behandlung für die Menschheit hat. Denn bei der Ausbreitung der Impfvorschriften in den meisten Ländern ist schon die Menschheit als Ganzes von den Folgen des Impfens betroffen. Es muß vielleicht doch betont werden, daß die Folgen um so stärker in Erscheinung treten, in um so jüngeren Jahren die Impfung durchgeführt wird. Denn beides, das zu frühe Aufrufen des Organismus zu seiner Reaktion und das Einpflanzen des „Schutznetzes“ mit Hilfe der tierischen Lymphe, schwächt das spezifisch Menschliche im Kinde. Nun haben alle Tiere, die für die Gewinnung des Impfstoffes in Betracht kommen, etwas viel Gröberes, zur Verhärtung Neigendes in ihrem Organismus als dies beim Menschen der Fall ist; dieser arbeitet sich doch nur langsam aus den Jahren der Kindheit in die Zeit des Erwachsenseins empor. In eine Entwicklungsgeschichte, wie sie geisteswissenschaftlich von Rudolf Steiner gefunden und dargestellt wurde, fügen sich solche Naturtatsachen vollkommen logisch ein; denn dieser Anschauung gemäß sind die Tiere, verglichen mit dem Menschen, vorschnell in die Erdenevolution eingetreten. Sie konnten, sozusagen, nicht lange genug warten, sich voll physisch auszubilden. Deshalb geht auch heute noch ihre Entwicklung schneller vor sich — aber sie sind einseitig ausgebildet und verhärtet. Näheres ist z. B. in Rudolf Steiners „Die Geheimwissenschaft im Umriß" zu finden.

Der Mensch verliert also gerade durch die Impfung etwas von seinem besonderen Wesen, das sich langsam aus dem Geistigen heraus entwickeln soll. Die Organe des Kindes müssen unter diesen Eingriffen etwas vergröbern und der Erwachsene neigt dadurch in späteren Jahren zu einer viel materialistischeren Anschauung als dies ohne die Einimpfung jener tierischen Stoffe der Fall gewesen wäre. Diese etwas lange und weitgehende Überlegung macht es uns vielleicht verständlicher, wieso Rudolf Steiner darauf hinweisen mußte, daß die immer mehr sich ausbreitende Neigung der Menschheit zu einer materialistischen Auffassung der Welt nicht zuletzt mit der Blatternimpfung zusammenhängt. Es nähert sich daher der Materialismus als Weltanschauung schon sehr stark einer wirklichen Krankheit.

Was hier von den Folgen der Blatternimpfung gesagt ist, hat wahrscheinlich seine Richtigkeit auch für alle anderen Impfungsarten, bei denen dem Menschen eine Substanz einverleibt wird, die dem Blute oder der Lymphe vorbehandelter Tiere entnommen ist. Ein gewisser Unterschied liegt bei den Formen von Immunisierung vor, wo die abgeschwächten Erreger oder deren erzeugte Gifte einverleibt werden. In diesen Fällen, wo also kein höheres Tier als Zwischenstation benützt ist, liegt die Hauptgefahr für die Entwicklung darin, daß im Kinde ein Prozeß zu einer Zeit ablaufen muß, die ganz willkürlich von außen her und nicht organisch von innen bestimmt wird. Daß ein solcher Einwand nicht nur theoretisch, sondern auch praktisch voll berechtigt ist, kann man aus Erfahrungen der jüngsten Zeit lernen. Es hat sich nämlich gezeigt, daß

Kinder, die gegen Diphtherie[6]), oder kombiniert gegen Diphtherie und Keuchhusten immunisiert worden waren, innerhalb eines Monats nach der Injektion an Kinderlähmung (Poliomyelitis) erkrankten. Man hat einwandfrei festgestellt, daß immer gerade das injizierte Glied (Bein oder Arm) der Lähmung verfiel. Solche Fälle beweisen wohl ganz klar, daß die Immunisierung im Organismus jedenfalls eine starke innere Reaktion hervorruft. Dieselbe kann sogar so heftig sein, daß eine andere, schlummernde Krankheit (eben die Kinderlähmung) aktiv wird. Die Spätschädigungen, die also anfangs gar nicht in Erscheinung treten, werden heutzutage noch gar nicht berücksichtigt. Das sagt aber noch lange nicht, daß sie nicht ebenso wirklich existieren.

IX.

Die explosive Gewalt, mit der sich der Wille so oft in den Tätigkeiten des Kleinkindes offenbart, fordert sehr ernstlich dazu auf, das Augenmerk gerade auf die Zeiten zu richten, in denen sich das Kind von seiner inneren und äußeren Geschäftigkeit wieder erholt. Man kann nicht genug darauf hinweisen, wie notwendig es für die Kinder ist, lange Ruhepausen einzuschieben. Daß der Säugling so lange schlafen soll als er nur schlafen will, wurde schon gesagt. Auch nach dem ersten Halbjahr ist es noch von größter Wichtigkeit, dem Kinde viel Ruhe zu gönnen. Es muß vom Kinde selbst abgelesen werden, wann es so müde ist, daß es schlafen soll. Bevor es gehen

---

6) In den „Weleda-Nachrichten" von Ostern 1954, Nr. 64, Arlesheim (Schweiz) ist übrigens folgendes zu lesen: „Zur Frage der Diphtherieschutzimpfung wurde in der Société Nationale de Médicine de Lyon mitgeteilt: In der Zeit von 1946 bis 1951 ist die Zahl der Diphtheriefälle in Westdeutschland von 153 335 auf 27 157, d. h. um 82 Prozent zurückgegangen, obwohl keine systematische Diphtherieschutzimpfungs-Aktion durchgeführt wurde. Die entsprechenden Zahlen für die gleiche Zeitperiode lauten für 19 andere europäische Länder, welche die Diphtherieschutzimpfung durchgeführt haben: 140 493 bzw. 34 573, d. h. eine Verminderung um 75 Prozent. Die Herabsetzung der Diphtherie kann also nicht als Erfolg der systematischen Schutzimpfung betrachtet werden. Dies wird auch aus Japan bestätigt, wo die Zahl der Diphtheriefälle von 94 274 im Jahre 1944 auf 16 198 im Jahre 1952 zurückgegangen ist, obwohl auch dort ebenfalls keine systematische Schutzimpfung durchgeführt wurde."

kann, schläft es zumeist von selbst ein, sobald es lange genug wach gewesen ist. Dann darf man es einfach nicht stören.

Schwieriger wird es schon, sobald die Kinder zu laufen beginnen. Manche Mütter sehen ihren Stolz darin, die Kinder so schnell wie möglich zum Gehen zu bringen und eifern sie immer wieder zu dieser Tätigkeit an. Die Frauen stellen die kleinen Wesen auf die Füße, lange bevor sie dafür reif sind. Dies schädigt das Kind, wie schon früher angedeutet worden ist. Auf jeden Fall sollte davon abgesehen werden, die Kinder zur aufrechten Stellung zwingen zu wollen. Krumme Beine, schwache Knöchel, Plattfüße und Verkrümmungen der Wirbelsäule können zunächst die unmittelbaren Resultate der Gewalteingriffe werden. Wichtiger und bedenklicher sind aber die viel später sich zeigenden Folgekrankheiten, die im Alter als rheumatische und sklerotische Leiden auftreten. Von diesen war schon vorher die Rede.

Eine andere Gefahr besteht darin, daß eine Mutter das Kind zu lange herumhetzt, ohne zu merken, wann es genug ist. Man muß so ein kleines Mädelchen oder Bübchen begreifen lernen. Es rennt z. B. in seinem Garten im Kreise herum, oder es tut dies im Hause um einen Tisch. Der Wille muß sich betätigen. Aber das Kind hat in dieser ersten Lebenszeit oft gar nicht die Kraft, diesen losgelassenen Willen zu zügeln. Es kann nicht aufhören. Die mitfühlende Mutter oder Erziehungsperson sollte sofort erkennen, wann sie einzugreifen habe. Sobald sie merkt, daß nur deshalb weiter gerannt und getobt wird, weil das Kind im Grunde genommen nur zu müde geworden ist, um aufzuhören, muß sie Einhalt gebieten. Wie man das tut, wird natürlich dem Augenblick überlassen bleiben — nur hat es jedenfalls zart und nicht plötzlich zu geschehen, ganz in Anlehnung an die kindliche Situation selbst. Findet sich der richtige Zeitpunkt, so ist es gar nicht schwer, das Kind wieder zur Ruhe zu bringen. Wird aber der geeignete Augenblick versäumt, dann geht es meist gar nicht ohne Tränen ab.

Die entgegengesetzte Gefahr besteht für ein Kind in dem fortwährenden „Erzogen-werden“. Wie immer es sich auch bewegen und betätigen mag, stets wird es zurückgehalten. Es darf z. B. nicht in die Küche, nicht in das Stiegenhaus, nicht zu den Gartenbeeten gehen. Immer wieder wird ihm vorgehalten, was es nicht tun soll. Diese Methode macht kleine Kinder sehr zappelig; und doch fehlt ihnen dann die nötige Ermüdung, die für einen gesunden Schlaf erforderlich ist. Im allgemeinen wird es wohl richtig sein, daß ein Kind noch lange Zeit nachdem es laufen kann, am Vormittage eineinhalb bis zwei Stunden ruht und womöglich schläft. Nach dem Erwachen erhält es dann sein Mittagsmahl. Allerdings braucht es eine gewisse Zeit, ehe es voll wach ist. Solange es noch schlaftrunken herumgeht, muß mit dem Essen gewartet werden, sonst treten leicht Schwierigkeiten auf. Eine kürzere Ruhepause darf sogar noch zwischen Mittag und Abend eingeschoben werden, sobald sich Zeichen der Müdigkeit einstellen.

Unter solchen Regeln beobachtet man, daß die Nachtruhe viel besser wird. Kinder, die nicht übermüdet sind, schlafen in der Regel ruhiger. Eine große Hilfe für das Zur-Ruhe-Gehen ergibt sich in einem einfachen Gebet, einem Abendlied und später in einem erzählten Märchen. Die Heiligkeit, die in dem wirklichen Kinderschlafe liegt, sollte ihren Schein in die Stimmung vor dem Einschlafen voraussenden. Bei einem in solcher Art regelmäßigen Abwechseln in der Tätigkeit des nach *außen* hin wirkenden Willens *im Wachen* und dem im *inneren* Aufbau waltenden Willen *während des Schlafes* kann das Kind gedeihen. Das heißt, es vermag seine Organe zu wirklichen Instrumenten des Willens auszubilden. Das Kind formt sich dann seinen Leib so, wie es sich ihn ursprünglich gewählt hat.

6. *Kapitel*

DIE PFORTE DER SINNE

I.

Das Wollen des Menschen wird vom Innern her angeregt und erobert sich allmählich seinen Leib, indem es eben von innen her stärker und stärker nach außen stößt. Der Drang nach Nahrung z. B., der tief aus dem Körperinnern aufsteigt, bewegt sich mit voller Stärke durch das Muskelsystem, macht das Kind bis in alle Gliedmaßen hinein unruhig, bis schließlich der Wille sozusagen an die äußerste Oberfläche gelangt. Der Mund wird weit aufgerissen, die Kiefermuskeln in Bewegung gesetzt, die Ringmuskulatur des Mundes angespannt und endlich kann die in der Brust oder im Fläschchen befindliche Milch getrunken werden. Damit beginnt sich die andere Pforte, die der Sinne aufzutun. Sie öffnet den Weg in umgekehrter Richtung, macht ihn von außen nach innen hin frei. In dem Geschmackssinne kann vielleicht am frühesten beobachtet werden, wie der Sinnesweg von der Peripherie tief in das Organinnere des Kindes hineinführt; dieses verbindet sich ganz der Substanz, die ihm von außen her geschenkt wird. Auch hier sieht man so klar, wie die Welt der Sinne und des Willens noch eng aneinanderstoßen. Schaut nämlich ein Erwachsener unbefangen dem trinkenden Säugling zu, so entdeckt er gleichsam zwei Ströme, die durch den zarten Körper gehen. Der eine Strom zeigt sich in der großen Anspannung, die aus dem aufsteigenden Willensimpulse kommt, um die Nahrung zu ergattern — der andere Strom offenbart sich dann in der Entspannung beim Schmecken, die ebenfalls sichtbar wird. Je größer der Hunger, um so schneller folgt Anspannung auf Anspannung und Entspannung auf Entspannung. Erst wenn Sättigung eingetreten ist, also der Drang nach Nahrung gestillt und die Lust des Schmeckens befriedigt sind, tritt wieder Ruhe ein.

An dem Geschmackssinn, der in gewisser Richtung noch ein gröberer Sinn ist, kann man etwas Charakteristisches der Sinne erkennen. Es findet eine ganz innige Berührung statt zwischen der einströmenden Milch und dem Organ des Schmeckens. Die äußere Welt dringt mit aller Intensität in die innere Welt des Menschen. Was beim Schmecken leicht sichtbar wird, vollzieht sich zum Beispiel im Hören oder gar im Sehen in einer viel feineren Weise. Da geht beim Gehör die Schwingung der Luft ganz ein in das Ohr, beim Sehen das Spiel von Licht und Finsternis ein in das Auge. Wenn dies auch nur in solcher Kürze und Einfachheit angedeutet wird, darf nicht vergessen werden, daß alle Vorgänge im einzelnen sehr kompliziert verlaufen. So trifft z. B. beim Hören niemals die wirkliche Luftschwingung das Innere des Gehörorgans — aber diese Schwingungen sind es, die sich in feiner Weise auf das Organ übertragen. Es ist irgendwie die äußere Welt, die letzten Endes doch in das Menscheninnere hineintaucht. Dies gilt ebenso für das Sehen, wo sich in das Auge nur Schatten, Licht und die aus beiden entstehenden Farben senken. Für das Kind liegt die wichtige Tatsache vor allem darin, daß eine Welt von außen her durch die Sinne in den Menschen einzieht.

Auf die einzelnen Sinne wird noch in den folgenden Abschnitten eingegangen.

Das kleine Kind, das eben im Begriff ist, Besitz von seinem physischen Körper zu ergreifen, vermag das, wie schon erwähnt, nur schrittweise. Dieses langsame Ergreifen des Leibes ist nur dadurch möglich, daß das Kind mit seinem unsichtbaren Wesen noch gar nicht fest im Körper sitzt. Es verbindet sich immer wieder ganz stark mit der Außenwelt. Wenn man einerseits z. B. sagen könnte — vom Standpunkt der Umgebung betrachtet — daß die Welt durch die Ohren, die Augen, kurz die Sinnesorgane, sich in den Menschen hineinbaut — so würde es ebenfalls richtig sein (aber nun vom menschlichen Standpunkt aus besehen) zu behaupten, daß wir durch die Sinnesorgane in die gegenständliche Welt hinausragen.

Im Kinde ist diese Verbundenheit mit außen sehr deutlich

und stark ausgeprägt. Man braucht nur zu beobachten, wie Kinder Dinge anstaunen. Sie verlieren sich ganz und gar in dem Anblick eines Menschen, eines Tieres, eines fahrenden Zuges. Sie öffnen den Mund weit, lassen alles in sich einziehen, was von draußen hereinkommt; aber zugleich schlüpfen sie mit ihrem Wesen auch völlig in die äußeren Geschehnisse hinein. Mehr als jemals später sind die Kinder der Frühzeit „ganz Ohr" oder „ganz Auge", und es wäre berechtigt, auch alle anderen Sinne in dieser Weise in einer bestimmten Abstufung anzuführen. Man kann daraus erkennen, von wie großer Wichtigkeit es für das Leben werden muß, welche Außenwelt sich dem Kinde bietet. Einerseits lebt es noch stark draußen, andrerseits kehrt es aber wieder mit voller Kraft zu sich zurück. Schaut beispielsweise ein etwa einjähriges oder eineinhalbjähriges Kind auf ein Hündlein, so geht es fast ganz ein in das Tier, verschlingt es mit den Augen, um dann allmählich wieder zu sich zurückzufinden. Es bringt bei dieser Rückkehr gleichsam seinem ganzen Organismus als Gabe mit, was es an dem Anblick erlebt hat. Am Auge kann man sogar beide Vorgänge genau ablesen. Beim Hinausgehen öffnen sich die Lider, beim Zurückkommen schließen sie sich schnell. Das Kind, das eben völlig eintaucht in die Umgebung, hält die Lider länger offen als ein Erwachsener, der im Wachen mit seinen Augen viel öfters in der Minute blinzeln muß, als das sich selbst draußen im Betrachten und Beobachten immer wieder verlierende Kind.

II.

Langsam und zart sollen sich dem Kinde die Sinne öffnen. Warum? Weil jedes Eindringen und Aufnehmen der äußeren Welt einen gewissen organischen Abbau und damit eine Ermüdung verursacht. Die Kräfte des Wachstums werden abgedämpft, aber dies führt gleichzeitig auch zu einer Art Formung und Verdichtung im Organismus. Dieser Prozeß spielt sich in jedem Lebensalter, aber in der Kindheit natürlich besonders lebhaft ab. An manchen Berufen kann man studieren, wie gewisse Anstrengungen der Sinnesorgane sogar bestimmte Gestaltungen der Gesichtszüge hervorrufen. Seefahrer und

Fischer, die ihre Augen meist intensiv auf die Ferne richten, bekommen ganz charakteristische Formen im Antlitze, die sich bei berufsmäßigen Rennfahrern bis zur Karrikatur steigern können. Oder die Haut der Seeleute wird durch die ständige Berührung mit Wind und Wetter geformt. In diesen Fällen ist es die Haut als Trägerin des Tastsinnes, die sich durch ihre Berührung mit der Seeatmosphäre entsprechend charakteristisch gestaltet. Der Blinde, der seinen Sehsinn ganz ausschaltet, hat meist etwas sehr Weiches, oft ganz Ungeformtes in seinen Zügen; aber selbst seine meist bleiche Haut und die schwächliche Muskulatur erscheinen weniger durchgebildet als bei dem Sehenden. Die Weichheit des Körpers ist bei vielen Erblindeten sehr auffallend.

Man sorgt für eine richtige Entwicklung der Kinder, wenn die Sinneswelt nicht zu intensiv auf sie losgelassen wird. Daher wurde für die erste Lebenszeit des Säuglings das zarte Licht empfohlen, die weiche, wollene Leibwäsche, ein warmes Zimmer — kurz alle zu starken Sinnesreize sollen ausgeschaltet werden.

Die bekannten Berichte von bedeutenden Menschen, etwa Stifter und Spitteler, die sich erstaunlich weit in ihre Frühzeit zurück erinnern können, zeigen, wie die Außenwelt nur langsam Umriß gewinnt für das Kind. Und es ist klar, daß ein zu scharfes Eindringen der Sinneswelt in der ersten Lebenszeit ablähmend und zu früh formgebend wirken muß.

Es sind für das richtige Verhalten zum kleinen Kinde dem Erzieher vielleicht gar nicht so viele Einzelheiten anzuraten, vielmehr ist ihm zu empfehlen, folgendes im Bewußtsein zu tragen: Im Kinde arbeiten die Kräfte des Wachstums bis zu einem Grade ähnlich wie sie draußen in der Natur wirken. Und diese Kräfte sind wie das künstlerische Schaffen. Deshalb hat Rudolf Steiner immer wieder den berühmten Aufsatz Goethes über die Natur angeführt, weil dort mit unvergleichlichem Schwunge die große Künstlerin Natur geschildert ist; wie sie formt und bildet und werden läßt. Eine Stelle heißt bei Goethe: „Sie lebt in lauter Kindern; und die Mutter, wo ist sie? — Sie ist die einzige Künstlerin: aus dem simpelsten Stoff zu den größten Kontrasten; ohne Schein der Anstrengung zu der größten Vollendung — zur genauesten Bestimmtheit, immer mit etwas Weichem überzogen. Jedes ihrer Werke hat ein einziges Wesen, jede ihrer Erscheinungen den isoliertesten Begriff, und doch macht alles *eins* aus." Was aus diesen Worten herausklingt, das sollte in dem Erzieher lebendige Kraft werden, um das kleine Wesen in seinem Wachstum zu schützen und ihm die richtige Hilfe in jedem Momente angedeihen zu lassen. Denn wenn dem Kinde durch die Sinne möglichst viel geboten werden kann, was verwandt ist den künstlerischen Gesetzen, nach denen eben die Natur z. B. die Bälkchen der Knochen eines Wirbels bildet oder die Fasern der Muskeln des Herzens — dann kommt von außen her, durch das Sinnestor, ein dem Kinde helfendes Element harmonisch der natürlichen inneren Aufbaukraft entgegen. Wie die zarten Farben, möglichst unscharf konturiert gleich farbigen Schleiern, für den Gesichtssinn die Härte abschwächt, mit der alle äußere Welt behaftet scheint, so erfreut sich auch das Ohr an dem feinen Klang einer Menschenstimme. Nichts Günstigeres gibt es für das Gehör kleiner Kinder als der so wenig aufdringliche Ton einer Leier, die etwas von dem Wellenklang einer Harfe in sich hat, ohne so überwältigend und mächtig zu sein wie diese. Während z. B. ein Kind der ersten Monate mit Freude dem leisen Singen der Mutter und dem Leierspiel zuhört, ist ihm der Ton der Geige schon zu überwältigend. Es gibt Kinder, die das Spiel auf einer Violine im selben Zimmer, in dem genannten Alter, regelmäßig mit Schreien und Weinen beantworten. Wenn alles, was dem Kinde von der Sinnesseite her geboten wird, schön und unaufdringlich ist, kann es auch für lange Zeit wiederholt werden. Dies wird nie langweilig, ebenso wenig wie die oft und oft wiederholte Beschäftigung mit dem gleichen Spielzeug. Rhythmus bringt dem kindlichen Leibe die richtige Formkraft, geradeso wie die ständig wiederkehrende Meereswoge an der Küste bildend arbeitet.

III.

Es bedeutet für das Wohl und Wehe des Kindes unendlich viel, was ihm durch die Sinne zukommt. Das Kind lebt ja meist durch mehrere Sinne zugleich draußen in der Umwelt. Es ist leicht einzusehen, wie der Geschmack, die Augen, die Ohren über den Menschen selbst hinausgreifen; wie er z. B. in die Süßigkeit des Zuckers eindringt, in dem Blau des Himmels aufgeht, getragen wird von dem vibrierenden Geigenton. Was draußen erlebt worden ist, wird natürlich auch wieder zurückgebracht in den Körper; das arbeitet dann modellierend in den gesamten Organismus hinein. Das Erlebnis an der erfrischenden Süße des Honigs, an dem friedvollen Himmelsblau, an dem innigen Klang eines Instrumentes, bedeutet für die feinere Organisation des Leibes eine andere Aufbaukraft als die langweilige Süße des Kristallzuckers, das tote Blau eines geschmacklosen Kleides, oder der schrille Ton einer Pfeife. So wird der Umkreis bald zum Helfer, bald auch zum Schädiger des Kindes.

Der tiefe Zusammenhang zwischen dem, was ein Kind erschaut und wie die körperlichen Organe sich ausbilden, sollte uns sehr darauf aufmerksam machen zu beachten, wie die Kinder uns selbst sehen. Manche Frauen, auch Männer natürlich, zeigen alle Sorgfalt in ihrem Äußeren, sobald sie ausgehen, sich auf die Straße begeben oder jemanden besuchen. Hat man aber Gelegenheit, sie zu Hause in einem Momente zu erblicken, wenn dies nicht von ihnen erwartet wird, so ist man manchmal schon erstaunt über ihre häusliche Tracht. Mütter, die sonst nur wie vollkommene Damen auftreten, gehen zu Hause nachlässig herum, in alten verschmutzten Kleidern, schiefgetretenen Pantoffeln und mit fliegenden Haaren. Es ist für das Kind sehr schlecht, wenn es von frühesten Jahren an in seiner Wohnung diese persönliche Unordentlichkeit vor Augen hat und sie in sich hineinnehmen muß. Das schwächt ein kleines Kind in seinem Organismus, abgesehen davon, daß es in seinem Nachahmungstrieb dieselben Gewohnheiten annehmen wird wie Vater oder Mutter. In Wahrheit zeigt sich, daß im Kinde, besonders nach dem fünften Jahre, sehr häufig das Bestreben lebt, seine Eltern sogar sehr schön angezogen zu sehen. Die Mutter soll z. B. eine besonders beliebte Farbe tragen, der Vater ein Hemd, welches sein Sprößling am meisten schätzt. Allerdings äußert sich dieser

Schönheitstrieb meist nur, wenn das Kind nicht durch die Unordentlichkeit der Kleidung der Erwachsenen verdorben wurde.

Von großer Wichtigkeit ist die Auffindung noch einer Reihe weiterer Sinne durch Rudolf Steiner. Sie vermitteln uns ein viel feineres und auch viel weitgehenderes Eindringen in die Außenwelt. Zunächst spricht Steiner von einem Wärmesinn, der auch für das Kind große Bedeutung hat. Durch diesen Sinn wird das kindliche Wesen besonders empfänglich für alles, was ihm als Wärme entgegenströmt; sie unterstützt das Leben in ihm. Aber die Entfaltung der menschlichen Sinne nach außen hin geht noch viel weiter. Es gibt einen Sprachsinn; mit dem erfaßt das Kind die Wortklänge und schwingt mit ihnen mit, schon lange bevor es die Sprache verstehen kann. Daher die Notwendigkeit eines reinen und volltönenden Sprechens vor dem Kinde. (Auf Einzelheiten wird noch im Zusammenhange mit dem Sprechenlernen eingegangen werden.)

Ferner ist jener Sinn hervorzuheben, durch den Gedanken aufgenommen werden. Gedanken-Wahrnehmungssinn hat ihn Steiner genannt. Es ist nämlich bloß ein Vorurteil unserer Zeit, daß wir Gedanken nur in Teilen erleben, analysierend sozusagen. Wenn man dem lebendigen Erleben nachspürt, wird leicht bemerkt, daß Gedanken, die jemand äußert, unmittelbar von uns erfaßt werden können. Das entsprechende Sinnesorgan erlebt sie als eine Einheit, wie ein Bild oder eine Melodie, die wir auch nicht zuerst in Einzelformen oder Töne auflösen müssen. Noch lange bevor das Kind Gedanken in seiner Seele versteht, lebt es schon in der Gedankenwelt der Umgebung vermöge des Gedanken-Wahrnehmungssinnes. Ebenso wie das Auge bereits in aller Farbenvielfalt lebt, noch lange bevor es die Grenzen verstehen lernt innerhalb der Farbenwelt, die sich allmählich zu Stühlen, zu Himmel, Wiesen und Bäumen gliedert.

Aus diesen Gründen kann es für das Kind ganz entscheidend werden, mit welchen Gedanken es die Menschen seiner Umgebung umhegen. Lügt die Umwelt, so empfängt das Kind — auch ohne es noch zu verstehen — verletzende Gedankenkräfte durch den Gedankenwahrnehmungssinn. Hat die Mutter das Kind immer liebevoll in ihren Gedanken, die der kindliche Gedanken-Wahrnehmungssinn unbewußt auffängt, dann lebt das Kind freudig auf; das wird seine Nahrung und wirkt segenspendend wie die unverdorbene Milch, die es erhält.

Der überkluge Mensch der Gegenwart wird vielleicht unwillig ausrufen: „Beweise mir dies!" Das vermag man nicht in grober Weise, aber es ist möglich, beobachtend und erlebend auf manche Tatsachen einzugehen. Es genügt oft zu sehen, wie Mütter mit ihren kleinen Kindern spazierengehen. Für manche ist diese Betätigung nur eine schwere Pflicht; langsam und träge lassen sie den Kinderwagen dahinrollen. Andere denken und fühlen gar nichts besonderes und viele lassen die Gedanken wild umherfliegen. Sie sind mit irgendwelchen häuslichen Sachen beschäftigt, sorgen sich um den Mann, um das Einkommen oder haben andere Dinge im Kopf. Man schaue sich einmal die Augen solcher Kinder an, deren Mütter alles halb mechanisch tun, wenn auch scheinbar mit bestem Willen! Die Augen werden traurig und erloschen; schon nach einem halben Jahre kann ihnen der wunderbare Glanz fehlen. Tiefe Enttäuschung spricht aus dem Blick!

Wie ganz anders leuchten die Augen jener Kinder, deren menschliche Umgebung stets mit liebevollen Gedanken — nicht im sentimentalen Sinne gemeint! — bei ihnen weilt. So große Wirkung hat, was das Kind mit seinem Gedankensinn wahrnimmt! Und je nachdem, was da aufgenommen wird, fühlt sich das junge Geschöpf geborgen und wohl aufgehoben oder verlassen und einsam. Dies spiegelt sich, wie gesagt, am leichtesten in den Augen wider — aber es zeigt sich auch im ganzen Antlitz, selbst im Glanze oder in der Mattigkeit der Haut.

Zu der Reihe der Sinne, die in die Umwelt tief eindringen können, gehört jener Sinn, dem es möglich ist, das Eigentümliche eines anderen Menschen wahrzunehmen. Steiner nannte ihn den Ich-Sinn; durch ihn erfassen wir die andere Individualität unmittelbar — nicht unser eigenes Ich, aber das des Anderen. Das Kind, zwar selbst noch weit entfernt von jedem Ichbewußtsein, geht schon frühzeitig tief ein in die Individualität der Erwachsenen, die nahe bei ihm leben. Und nur so können wir einigermaßen begreifen, wie sich das Kind bestimmte Freunde unter den Menschen wählt. Diese Wahl ist oft vollständig verschieden von dem, was die Eltern erwarten oder wünschen mögen. Das kleine Kind bleibt unbestechlich in seinem Eingehen auf die andere Persönlichkeit. Da gibt es noch keine Beeinflussung durch Tradition oder Klasse. Dagegen spielt es eine Rolle für das Kind, einem weisen, herzenswarmen Menschen zu begegnen, einem, der vom Leben gelernt hat oder einem Oberflächling. Daher kann das Kind mit so besonderer Liebe an einer wirklich weisen Großmutter oder einem Großvater hängen. Denn das kleine Kind und der alte Mensch haben eine tiefgehende Verwandtschaft zueinander, die von Natur aus eine gute Grundlage für ein gegenseitiges Verständnis abgibt. Das Kind, das mit den Sinnesorganen so weit in die Umwelt hinausreicht und langsam lernt mit den gewonnenen Erfahrungen wieder in seinen Leib einzuziehen, ist dem alten Menschen nach gewisser Richtung ähnlich. Auch dieser lebt schon wieder mehr draußen in seinem Sinnesumkreis — besonders wenn er in rechter Weise alt geworden ist — und vermag zu verstehen, was ihm dort begegnet. Allerdings kann er meist nicht mehr so leicht in seinen Leib, der brüchig geworden ist, zurückkehren wie das Kind — aber er wird imstande sein, weisheitsvoll und bewußt die Welt zu begreifen, aus der das Kindlein die Eindrücke noch unbewußt empfängt.

IV.

Eine andere Gruppe von Sinnen hat Steiner zu den vorher erwähnten in einen bestimmten Gegensatz gestellt. Mit ihrer Hilfe erfaßt der Mensch empfindungsmäßig, was eigentlich in seinem Körperinnern vorgeht. Durch den sogenannten „Lebenssinn" nimmt sich der Mensch als physisches Wesen in seiner Gesamtheit wahr. Was damit gemeint ist, wird am leichtesten verstanden, wenn man sich jemanden vorstellt, der beim Meer im Sande liegt und sich wohlig der sonnendurchwärmten Luft aussetzt. Wie der gesunde Leib sich innerlich (in Behaglichkeit, nennt es Steiner) gleichsam genießt als einheitlicher Organismus — das vermittelt uns der „Lebenssinn". Dieses sich mit dem Lebenssinn Erfühlen wird auch im Kinde sehr deutlich. Der Säugling, der bis zur vollen Befriedigung seine Milch ausgetrunken hat, bietet das anschauliche Bild eines Geschöpfes, das sich mit dem genannten Sinne wohlig im Leibe erlebt. Wie sehr stört man diese „Behaglichkeit", wenn dem Kindlein nicht die richtige Nahrung gereicht wird! In einem solchen Falle übermittelt dann der „Lebenssinn" nur die Unbehaglichkeit, und irgendwie fühlt sich das Kind von seiner eigenen Leiblichkeit zurückgestoßen. Von den entsprechenden Eindrücken des Lebenssinnes in früher Kindheit wird es auch abhängen, in welchem Lebensgefühl sich der Erwachsene darleben kann. Ob er sich im Grunde seines Wesens mehr zufrieden und wohlfühlen darf oder ob er immer mehr sauer auf alles reagiert, weil ihn etwas im eigenen Organismus stets zurückweist und unbefriedigt läßt.

Der von Steiner bezeichnete „Bewegungssinn" übermittelt die Kenntnis von den Bewegungen unserer Muskulatur und Gelenke. Auch in der Physiologie spricht man von dem Muskelgefühl, vom Gefühl in den Gelenken. Mit dem Bewegungssinn erlebt das Kind die großen Fortschritte, die vom einfachen Rühren der Finger, Heben der Arme zum Sitzen, Gehen und Bewegen im Raume führen. Diesem Sinne kommt auch für das Seelische eine große Bedeutung zu. Wir gewinnen durch ihn das Gefühl der Freiheit. Wenn dies auch natürlich zunächst den erwachsenen Menschen betrifft, so kann man doch leicht begreifen — wenn das Leben als Ganzes überschaut wird — wie wichtig die verständnisvolle Leitung der Aufrichte- und Bewegungskräfte beim Kinde für spätere Phasen des Daseins ist. Ganz der eigenen Individualität entsprechend soll daher das Kind die Fähigkeit des Gehens erlangen. Die Seele wird sich in kommenden Jahren nur dann als frei empfinden, wenn sie allein aus eigener Kraft den Leib ergreifen durfte — und nicht willkürlich in den Körper, z. B. durch eine gewaltsame Säuglingsgymnastik, hineingepreßt worden ist. Im Physischen rächen sich solche Prozeduren, wie erwähnt, in Form jener Krankheiten, die den Menschen gerade zur Unbeweglichkeit zwingen, wie etwa die rheumatischen Leiden.

In der Seele aber werden sich die Folgen in einer inneren Unfreiheit zeigen. Die erst in späterer Zeit sich zeigende seelische Fesselung eines Menschen an den Leib, an die Erde und die Materie, mag in so manchem Falle aus jener ersten Lebenszeit stammen, wo ein Kind mit dem Bewegungssinn erleben mußte, wie es falsch in seine Gliedmaßen hineingedrängt wurde, ehe es noch die Reife dafür erlangt hatte.

An diesen Sinn, der mit dem Erfassen der körperlichen Bewegungen zu tun hat, reiht sich unmittelbar der Gleichgewichtssinn an. Durch ihn werden wir erst befähigt, uns in einer Stellung, die wir im Raume einnehmen wollen, im Gleichgewichte halten zu können. Hier gilt für das Kind noch verstärkt, was in Bezug auf das Aufrichten schon beim Bewegungssinn angedeutet wurde. Wenn der letztere Beziehung hat zu der Freiheitsempfindung im Menschen, so hat die Möglichkeit, sich im physischen Gleichgewichte zu halten noch ihr weitgehenderes Gegenbild im Seeleninnern. Man vermag z. B. innerlich zur Ruhe zu kommen, um sich als Geist zu fühlen, wie Steiner es ausdrückt. Wozu die menschliche Individualität für den Höhepunkt ihres Lebens aufgerufen ist, nämlich zur Fähigkeit, sich in inerer Ruhe als Geist zu erfühlen, das kann sie mit Hilfe der Kräfte, die sie aus der Kindheit mitbringt: wenn ihr vergönnt war, das Gleichgewichtsorgan in richtiger Weise ausbilden zu dürfen. Daher die freudige Anstrengung, mit der ein Kind sich immer wieder bemüht, frei stehen und gehen zu können — und daher auch die Wonne, mit der es nach aller Anstrengung fühlt, endlich im Gehen das Gleichgewicht zu halten. Treibt man ein Kind zu früh in die Betätigung dieses Gleichgewichtsorgans, dann wird der Erwachsene an den Folgen im Geiste zu tragen haben. Er wird der Gefahr ausgesetzt sein, unter Rastlosigkeit leiden zu müssen, statt zur inneren Ruhe zu gelangen; die Unstetigkeit wird ihn immer mehr von seinem wahren Wesen entfernen.

Wer denkt da nicht sofort an die Ruhelosigkeit der heutigen Erwachsenen? Wieviele Leute gibt es in der Gegenwart, die es gar nicht aushalten, mit sich selbst allein zu bleiben! Sie irren von Zerstreuung zu Zerstreuung, um nur ihrem eigenen

Wesen auszuweichen, das sich ihnen in der Stille aufdrängen könnte.

Aus diesen Zusammenhängen ergibt sich klar, daß einer der Gründe der sogenannten „Nervosität" des Gegenwartsmenschen in einer Kindererziehung liegt, die ganz bestimmte Fehler begeht; sie wären verhältnismäßig leicht vermeidbar. Wenn man der Individualität des Kindes nicht genügend Zeit vergönnt, um aus eigener Kraft die Aufrechtheit und das Gleichgewicht zu erringen, wird ihr etwas von der Möglichkeit genommen, sich als Erwachsener, innerlich Ruhe-erfüllt, als selbständiger Geist zu erfühlen.

Ferner soll auf den Tastsinn hingewiesen werden, der zu jenen Sinnen gehört, durch die man auf die eigene Körperlichkeit gewiesen wird. Steiner macht besonders darauf aufmerksam, daß wir im Tasten immer bloß uns selbst fühlen; denn wir spüren einfach nur, wie sich unsere Haut verschiebt, und in welcher Stärke oder Schwäche sie gedrückt wird. Nun sagt Steiner über den Tastsinn: „Was da ins Innere hineinstrahlt und was nach außen hin erlebt wird, ist nichts anderes als das Durchdrungensein mit dem Gott-Gefühl [1])."

Dieser Ausspruch, der manchem schwer verständlich erscheinen wird, mag wohl folgendermaßen aufzufassen sein: der Tastsinn führt uns einerseits besonders stark in unsere Körperlichkeit; was immer von außen auf dem Wege des Tastens herankommt, stößt (wörtlich zu nehmen!) an unseren Leib. Aber wir vergessen uns selbst trotzdem gleich wieder (wenn nicht gerade ein heftiger Schmerz mit der Berührung verbunden ist) und gehen völlig auf in dem, was uns berührt. Können wir dies ganz seelisch erleben, so ist noch eine tiefere Stufe erreicht als im Gleichgewichtssinn, durch den man sich selbst als Geist erleben kann. Denn im Stadium einer entsprechenden Entwicklung können wir uns dann von einer geistigen Wesenheit (also nicht vom eigenen Geistwesen) ganz durchdrungen fühlen: wir geben uns selbst auf — und sind von einem anderen Geistigen erfüllt. Dieser letztere Zustand führt

1) Rudolf Steiner, „Die zwölf Sinne des Menschen in ihrer Beziehung zu Imagination, Inspiration und Intuition", Philos. anthropos. Verlag am Goetheanum, Schweiz, 1938.

uns eigentlich für gewöhnlich in den Schlaf hinüber — auch wenn wir dies nur selten bewußt erkennen. Ein instinktives Erleben davon dürfte in kleinen Kindern vorhanden sein. Dies ist wahrscheinlich der Grund für gewisse Eigentümlichkeiten, die beim Einschlafen mancher Kinder beobachtet werden. Man wird immer wieder bemerken, daß schon sehr früh Säuglinge oft das Bedürfnis haben, vor dem Schlafe mit ihren Fingerchen etwas rhythmisch zu berühren. Viele lieben es — und dies kann sich sogar durch mehrere Jahre hinziehen — im Einschlafen über ein weiches Leinwandstück mit den Fingern hin- und herzufahren. Andere wollen ein Wolltuch in Händen haben oder über das weiche Kleid ihrer Puppe streichen. Am einfachsten wird das Problem von Kindern in der Weise gelöst, daß sie die eigenen Finger in den Mund stecken und daran lutschen. Damit ist eine Verdoppelung der Tastempfindung erreicht; denn das Tasten wird sowohl an dem Finger selbst gespürt, als auch noch an Lippen und Zunge, die bekanntlich ein sehr feines Tastgefühl besitzen. Diese Betätigung des Kindes, seinen Körper zu befühlen, ist das Bestreben, zu jenem „Gott-Gefühl" zu kommen, das im Einschlafen eine Realität ist. Ein Kind, das auch in späteren Jahren während des Wachens noch immer den Wunsch hat zu lutschen, sollte uns darauf hinweisen, daß das betreffende Kind von der Umwelt zu sehr schlafen gelassen wird. Kann es genügend Interesse an der Sinneswelt finden, dann wird auch das Daumenlutschen aufgegeben — höchstens wird das Kind vor dem Versinken in den Schlaf noch schnell den Finger in den Mund stecken. Nur eine so einseitige und vorurteilsvolle Psychologie, wie die Psychoanalyse, konnte einen sexuellen Hintergrund für das Lutschen im Kindesalter erfinden. Das Saugen an den Fingern hat gar nichts zu tun mit dem Suchen nach erotischer Befriedigung. Was für einen psychoanalytisch verdorbenen Blick so ausschauen könnte, von außen besehen, das ist nur die Suche des Kindes nach dem Inneren des Tasterlebnisses, das immer an die Grenze des Einschlafens führt. Allerdings ist es wünschenswert, daß etwa nach zwei Jahren das Lutschen, besonders während des Tages, aufhört.

Jeder Lehrer sollte von diesen Tatsachen wissen; denn man trifft häufig bei Kindern, die schon lange dem schulpflichtigen Alter angehören, ähnliche Neigungen wie sie in dem Kleinkindesalter nur allzu natürlich und selbstverständlich vorkommen. Das Bedürfnis, Dinge immer wieder anzugreifen, sie abzuschlecken, sie mit den Lippen zu befühlen, weist bei Kindern, die schon über drei Jahre alt sind, meist auf mangelnde Betätigung und ein schläfriges Bewußtsein. Selbst Erwachsene fallen zuweilen in diesen Seelenzustand der Kinderzeit zurück, wenn auch in einer etwas verwandelten Form; denn wahrscheinlich ist die Sucht, Kaugummi zu lutschen ihrem Ursprung nach ähnlich zu werten wie das Saugen an den Fingern in der Kindheit.

Schließlich müßte noch als fünfter der sogenannten inneren Sinne, die Steiner aufzählt, der Geruchsinn genannt werden. Die Gerüche berühren den Menschen innerlich sehr tief. Im Riechen geben wir unser Selbst noch viel stärker als im Tasten vollkommen auf. Was der Geruch übermittelt, läßt man ganz in sich ein und öffnet sich ihm vollends. Es ist wohl auch sehr individuell für Menschen, welchen Geruch sie am meisten lieben oder hassen. Das wunderbare Erfülltsein mit einem besonderen Duft kann am leichtesten in der Zeit der Blumenblüte erlebt werden. Der eine liebt es z. B., sich ganz dem blühenden Flieder hinzugeben — wie dies im „Dorian Gray" von Oscar Wilde einmal geschildert ist. (Übrigens muß gerade dieser Schriftsteller eine sehr intime Beziehung zu der Welt der Gerüche gehabt haben.) Andere schätzen den Duft von Veilchen, Jasmin, Maiglöckchen, Orangenblüten, Rosmarin oder Lavendel am meisten. Die Neigung zu bestimmten Gerüchen hat etwas von tiefster moralischer Nuance im Hintergrund. Wie die genannten Düfte, die aus Blumen aufsteigen, ein schönstes Erleben bedeuten können, so führen dagegen die üblen und gefälschten Düfte zu peinlichstem Empfinden. Der heutige Mensch scheint allerdings in diesem feineren Fühlen schon sehr abgestumpft zu sein. Das ist leicht zu merken, sobald einem all die Düfte von Parfüms, Seifen und Haarpomaden im Theater oder Konzertsaal (vom Kino gar nicht zu sprechen) in die Nase steigen, ohne daß sich im allgemeinen ein Mensch dagegen auflehnt. Dem praktischen Arzt, der Besuche bei seinen Patienten machen muß, enthüllt sich viel von dem Wesen und Streben der Menschen aus der einer Wohnung anhaftenden Geruchs-Atmosphäre. Es gibt die Düfte der Armut, der Unsauberkeit, der Gefräßigkeit, der Langeweile, der Reinlichkeit, der Üppigkeit und noch vieler anderer Eigenschaften.

Schon an einer solchen Aufzählung ist erkennbar, wie dem Charakter der Gerüche immer etwas von einer gewissen Moralität anhaftet. Steiner enthüllt sogar, daß der Geruchsinn — durch den man also völlig eins wird mit dem Duft, der empfunden wird — dem sogenannten mystischen Erleben verwandt ist; denn das Wesentliche, worin der Mystiker lebt, besteht gerade in diesem Eingehenlassen, z. B. des Göttlichen ganz in das Inner-Menschliche [2]).

Denken wir mit diesem Wissen über den Geruchsinn an das Kindesalter, so wird es offensichtlich, daß durch eine üble Duft-Umgebung auch sehr viel verdorben werden kann. Wir müßten darauf bedacht sein, alle schlechten Gerüche von den Kindern abzuhalten. Selbst scharfriechende Seifen und parfümierte Säuglingspuder sind strenge zu vermeiden. Es braucht wohl nicht erst betont zu werden, daß der Geruch der Unreinlichkeit verderblich wirkt. Der Küchendampf, geladen mit dem peinlichen Geruch von Fleisch und Fisch, der aus der Bratpfanne aufsteigt, sollte nicht zu viel in die kindliche Nase dringen. Ein von Kindheit an schlechter Einfluß auf das Geruchsorgan kann in späteren Jahren zu Schwierigkeiten des wahren Moralempfindens führen. Ja, Rudolf Steiner deutet einmal klar darauf hin, daß bei manchen Kindern, die eine Vorliebe für üble Gerüche haben (er bringt als Beispiel Kinder, die gerne an Petroleum riechen) diese Vorliebe direkt ein Zeichen eines tiefer gelegenen moralischen Fehlers sei. — Zum Schluß möchte noch daran erinnert werden, wie eine fein-

---

[2]) Um Mißverständnissen zuvorzukommen, sei hervorgehoben, daß hier weder für noch gegen Mystizismus gesprochen ist. Aber die Tatsache eines solchen „mystischen" Erlebnisses, wie es z. B. in der mittelalterlichen Literatur geschildert ist, wird als eine Wirklichkeit angesehen. Siehe auch Rudolf Steiner, „Die Mystik im Aufgange des neuzeitlichen Geisteslebens".

riechende Nase ein ungeheures Wohlgefühl erleben kann, wenn der zarte Duft wahrgenommen wird, der einem — natürlich sauber gehaltenen — Säugling entströmt. Dann wünscht man sich, dieser Geruch würde nie von außen her durch die Toilettenkunststücke der Mütter vertrieben.

V.

Wird zusammenfassend die Welt der Sinne überblickt, dann kann klar unterschieden werden zwischen jenen Sinnen, die weit nach außen gerichtet sind, wie z. B. die Augen und den ganz nach innen gewendeten wie der Lebenssinn. Während der Kindheitsentwicklung sind jene äußeren Sinne von weittragender Bedeutung für den Aufbau des Körpers; denn alles was draußen wahrgenommen wird, prägt sich ein in die Kräfte des Lebendigen und wirkt damit auf den feineren Aufbau der Organe. Was in dieser Zeit in den Organismus eingeschrieben wird, kann sich in seinen Folgen im Guten wie im Bösen erst nach vielen Jahren zeigen. Zwar gilt für die inneren Sinne, wie dem Lebens- und Gleichgewichtssinn ähnliches, soweit es sich um die Bildung des Körpers handelt; aber bei diesen zuletzt genannten inneren Sinnen scheint die Rückwirkung auf das Seelenleben des Kindes selbst und auch später auf die Seele des Erwachsenen noch besonders ausgesprochen zu sein.

Wenn auch zum Verständnis der Vielfältigkeit der Sinne jeder einzelne für sich besprochen werden kann, darf nicht vergessen werden, wie es allmählich zu einem intimen Zusammenspiel aller Sinne kommt; zumindest ist ihre besondere Verknüpfung miteinander sehr ausgesprochen. So gehören z. B. Gehör-, Sprach- und Ichwahrnehmungssinn unter Umständen eng zusammen. Das Kind hört z. B. mit den Ohren, was jemand sagt. Es erfaßt den Klang, dann die Sprache, ferner den Gedanken, den sie ausdrückt und schließlich die Persönlichkeit, die spricht. Das alles wird in der Realität des Lebens eine Einheit. In dem Augenblicke, wo diese Verknüpfung der Sinne erkannt wird, erübrigt sich eigentlich jede Diskussion, warum weder Grammophon noch Radio oder gar Television für Kinder geeignet ist. Denn sie dürften die Welt nur in natürlicher

Wahrhaftigkeit kennen lernen, wenn ihr Wesen nicht tiefgreifend geschädigt werden soll. Es ist doch leicht einzusehen, daß zur Sprache, die man hört, schließlich auch unmittelbar eine Persönlichkeit gehört! Mindestens drei Sinne sollten dabei berührt werden, abgesehen noch von dem Gesichtssinn, durch den der Sprecher meist gesehen wird. Daher vermeide man es ausdrücklich, einem Kinde, das sich eben erst auf Erden zurechtfinden will und sich in die Harmonie gewisser Sinne einlebt, eine durch die genannten Erfindungen verstümmelte Welt vorzuführen. Einfache Personen, wie sie unter den primitiven Stämmen unzivilisierter Völker zu finden sind, bekamen anfangs Angst, wenn jemand Schallplatten für sie laufen ließ. Der ganze Apparat war für sie eine Teufelsmaschine. Warum? Weil eine Sprache aus einem unbeseelten Etwas erklang, eine Musik ohne den dazugehörigen Menschen ertönte. Der Ich-Sinn blieb unbefriedigt, der Welt schien etwas Wesentliches geraubt — natürlich dachten sie, daß nur der Teufel hinter einer solchen Verhexung stecken könne.

Das Kind — und in diesem Zusammenhang ist damit der von der Geburt bis zur Vollendung der Schulzeit sich entwikkelnde Mensch gemeint — wird durch Grammophon und Radio immer mehr daran gewöhnt, einer gefälschten Welt zu begegnen. Es muß Schaden anrichten, wenn eine Mutter, wie dies von mir beobachtet wurde, rhythmische Gymnastik unter Grammophonbegleitung mit ihren Kindern täglich betreibt. Sie und ihr Mann, der einem hochqualifizierten Intelligenzberuf angehörte, waren auf diese „moderne" Methode in der Erziehung sehr stolz.

Eine ähnliche Störung der Sinnen-Harmonie wird in seiner Art durch das Kino bewirkt. Dieses bringt die Beziehung zwi-

---

3) Neuerdings haben Augenspezialisten auf die schädigende Wirkung der Televisionvorführungen hingewiesen. Sie machten z. B. die Beobachtung, daß die Kinder, die sich diesem „Vergnügen" hingeben, unter Entzündungen der Lider oder der Augenbindehaut leiden und Kopfschmerzen haben. Die Deutung der Augenärzte, daß der Grund nur in der zu großen Nähe der Bilder vom kindlichen Auge zu suchen ist, scheint wohl etwas oberflächlich zu sein. Aber die Tatsache der schlechten Folgen auf die Augen ist jedenfalls bekannt. (Siehe z. B. den wiederholt genannten Bericht über „Die Gesundheit des Schulkindes".)

schen Gesichts-, Gehör-, Sprach-, Gedankenwahrnehmungs- und Ichsinn durcheinander. Der Gipfelpunkt der Unordnung im Sinnesleben unserer Zeit ist durch Television erreicht [3]). Durch diese technische Errungenschaft werden ebenfalls mindestens fünf Sinne (Seh-, Hör-, Sprach-, Gedanken- und Ichsinn) aus ihrem natürlichen Zusammenhang gerissen.

Obwohl bisher fast immer von sehr kleinen Kindern die Rede war, mag hier noch eine Bemerkung eingeschoben werden, die vielleicht erst später gemacht werden sollte. Da aber heute auch die jüngsten Kinder vor dem Radio nicht sicher sind, so mag es ganz gut sein, schon hier auf einige Folgen aufmerksam zu machen, die Radio, Grammophon, Kino und Television haben müssen. Zweifellos wird durch die genannten Erfindungen *ein* Sinn auf jeden Fall ausgeschaltet; und zwar jener, durch den wir den anderen Menschen erkennen sollten. Der Mangel an wirklicher Menschenkenntnis ist eine besondere Krankheit unserer Zeit geworden. Leute beurteilen andere Menschen meist unglaublich oberflächlich und unrichtig. Das geschieht aber nur dadurch, weil der Ichsinn sich viel zu wenig betätigt; der wird gelähmt durch diese wunderbaren mechanischen Apparaturen. Und wie eben ein erblindetes Auge nicht mehr ein Vermittler von Farben und Formen sein kann, so vermag ein Mensch mit abgelähmtem Ichsinn nicht mehr die andere Individualität ordentlich zu erfassen. Wenn auch noch so viel gepredigt wird, man müsse seinen Nebenmenschen lieben und verstehen — wie soll man imstande sein dies wirklich zu tun, wenn der andere gar nicht erkannt werden kann? Moderne Schulen brüsten sich damit, die großen Fortschritte der Menschheit in die Erziehung einzuführen, weil sie nicht zurückschrecken, Grammophon, Radio und wie es jüngst versucht wird, auch Television im Unterricht zu verwenden! Dadurch erzieht man die Kinder am besten zur Menschen-Unkenntnis. In ihr liegt eine tiefgehende Wurzel vieler Übel unserer Gegenwart. Immer mehr Lehrer, Ärzte, Künstler, Wissenschafter, Politiker und Träger vieler anderer Berufe kommen aus den Schulen, ohne ein Verständnis für das menschliche Wesen zu haben. Eine Verschlimmerung dieser

Tatsachen ist zu erwarten, wenn die wahren Ursachen nicht erkannt und aus dem Wege geräumt werden.

Dazu kommt noch eine gewisse Schwäche des Willens, die z. B. durch Television noch besonders gezüchtet wird. Hat jemand als Schularzt Gelegenheit nachzuforschen, warum manche Kinder geistig unaktiv und lässig werden, so zeigt sich immer wieder, daß es gerade jene Schüler betrifft, die regelmäßig zu Hause ihre Televisionstunden mitmachen. Eine Erklärung ergibt sich daraus, daß ja der Mensch der Sinnesempfindung nicht bloß passiv gegenübersteht. Wenn das Auge von außen z. B. die rote Farbe wahrnimmt, reagiert es doch von innen her mit der Gegenfarbe, dem Grün. Darin offenbart sich ein gewisses Willenselement, das innerlich aufgerufen wird, als eine Antwort zum äußeren Sinneseindruck. Erzieherisch ist dies von großer Bedeutung. Eine richtige Übung des Sinneslebens bringt auch den Willen zur richtigen Reife. Je weiter aber die Sinneswelt von der lebendigen Natur abgelenkt ist, um so weniger stimulierend kann sie auf den Willen zurückwirken. Die Reaktion auf den Eindruck von außen wird immer schwächer. Wenn also, wie gezeigt, durch die Televisionvorführung mindestens vier Sinne aus ihrem natürlichen Zusammenhang gerissen werden, so heißt dies in bezug auf den Willen, daß dieser ganz besonders geschwächt werden muß. Die Schulkinder erbringen in ihrer trägen Haltung einen klaren Beweis dieser Erklärung. An den jungen Menschen, die man heute trifft, fällt vielfach auf, daß sie einen Mangel an Initiative zeigen, eine gewisse Stagnation ihres Willens, und zwar ist dies unvergleichlich mehr zu beobachten als etwa vor 20 oder 30 Jahren. So viele junge Leute kommen und beklagen sich darüber, daß sie eigentlich nicht wissen, was sie tun sollen nach ihrer Schulausbildung. Es treibe sie zu gar keinem wirklichen Beruf. Solche Erscheinungen sind ebenso bedenklich wie der sich immer mehr geltend machende Mangel an Menschenkenntnis.

Der Grund für diese Erscheinungen liegt in der Mechanisierung des äußeren Lebens. Begegnet kann dem nur werden, wenn die Erziehung von kleinauf ihre Gegenmaßregeln ergreift. Dann bekommen die jugendlichen Menschen so starke

Kräfte mit, daß sie nicht ein Opfer des technischen Zeitalters sein müssen, sondern lernen werden, es zu meistern.

VI.

Nachdem bisher einerseits darauf hingewiesen worden ist, wie das Kind allmählich mit dem Willen in seinen Leib einzieht, um die Welt zu ergreifen, und wie ihm andererseits durch die Sinne die Erde, auf der es leben soll, offenbar wird, ist es an der Zeit, auf die Frage des Spieles und Spielens der Kleinkinder einzugehen.

Sobald das Kind anfängt, mit erhöhtem Interesse nach den Dingen zu greifen, darf es eine kleine, einfache Holzpuppe haben, die in ihren Formen nur gerade angedeutet zu sein braucht. Bis nach dem ersten Jahre, wenn das Kind in einer normalen Entwicklung des Aufrichtens darinnensteht, dürfte als Spielzeug nur das eine Rolle spielen, was auf die Sinne des Säuglings in geeigneter Form einwirkt. Das Spielzeug muß wirklich Freude machen und als wichtige Eigenschaft müßte ihm etwas von Schönheit innewohnen. Die sogenannte Klapper, die zu den frühesten Spielzeugen gehört, sollte eine feine, künstlerische Form haben. Sie kann eine kugelige Gestalt besitzen, denn die Kinder lieben alles Kugelförmige. Mit dem sind sie verwandt, vor allem durch ihren Kopf; und dieser selbst hat seine Rundung aus dem Kosmos mitgebracht. Das Kind fühlt sich befriedigt, eine Form zu treffen, zu der sein Haupt eine Beziehung hat; denn auch für den Säugling ist es eine Wohltat, etwas zu treffen, was er schon kennt. Die Farbe der Klapper kann ganz zart sein; nichts Gegenständliches dürfte auf sie gemalt werden. Große Schwierigkeiten verursacht natürlich das Material; es müßte womöglich Holz sein, keinesfalls Celluloid oder Plastik; denn Holz hat immer etwas Lebensvolles und Warmes an sich. Es gibt aber noch sehr schöne Klappern aus Elfenbein mit durchbrochener Arbeit wie Spitzen. Sie stammen meist aus dem Osten, der viel mehr Geschmack in solchen Dingen besitzt als der Westen. Statt der Holzkugeln oder Steinchen, die ein klapperndes Geräusch hervorrufen, sind kleine Silberglöckchen zu empfehlen.

Die ganz kleinen Kinder spielen sehr oft und gerne mit ihren eigenen Fingerchen, die sie abtasten, betrachten und — in den Mund stecken, wie so vieles, das erreichbar ist.

Eine eigentümliche Beobachtung kann bei manchen Kindern schon wenige Wochen nach der Geburt bis etwa gegen den neunten Monat gemacht werden. Wenn dieses Verhalten auch nicht so recht in das Gebiet des Spielens gehört, so soll es doch auch hier Erwähnung finden. Die Kinder dieses Lebensalters zeigen sich außerordentlich interessiert an den Schatten, die entweder von ihnen selbst oder Erwachsenen an die Wand geworfen werden. Eine stichhaltige Erklärung dafür zu erbringen, schien mir zuerst sehr schwer. Es macht tatsächlich den Eindruck, als würden die Kinder ganz fasziniert, sobald sie in diese Schatten schauen. Sie können mehr Interesse daran zeigen als für vieles andere, das sich in ihrer Reichweite befindet.

Nun gibt es bei Rudolf Steiner in einem völlig anderen Zusammenhang eine Bemerkung, die vielleicht zu einer wirklichen Erklärung dieser Beobachtung bei den Kindern führen könnte. Er spricht nämlich vom Seher, der im Laufe seiner Entwicklung oft zum erstenmal den Geist dann sieht, wenn er in der Sonne steht und in den Schatten blickt, den er wirft. „Der Körper hält auf das Licht, doch nicht den Geist; und im Schatten, den der Körper wirft, kann man den Geist entdekken. Deshalb nennen primitive Völker, die immer ein Hellsehen gehabt haben, den Schatten auch die Seele; sie sagen schattenlos — seelenlos . . . [4]).“ Ist es nicht am wahrscheinlichsten, daß der Säugling, noch so stark verbunden mit seiner geistigen Heimat, im Schatten an der Wand auch etwas Geistiges erblicken kann, das wir Erwachsene zunächst nicht sehen. Das Interesse an diesen Schatten dauert zuweilen mehrere Wochen, ja sogar Monate an, um schließlich ganz zu verschwinden, sobald das Kind die physische Welt etwas mehr erfaßt hat.

Schatten

---

[4]) Rudolf Steiner, „Die Theosophie des Rosenkreuzes“. 4. Vortrag S. 44, herausgegeben vom Selbstverlag der Rudolf-Steiner-Nachlaßverwaltung, Dornach/Schweiz 1951.

Gegen Ende des ersten Jahres kann man dem Kinde zuerst eine Stoffpuppe geben; das Gesicht braucht bloß mit wenigen Strichen oder Punkten angedeutet zu werden. Nichts besonders Konturiertes darf daran erscheinen — aber das Ganze soll schön in seinen Farben und in künstlerischer Harmonie mit denselben sein. Wie das Kind durch die Nahrung angeregt wird, seinen Leib zu formen, so soll die in ihrer Form primitive Puppe die Phantasie anregen. Denn die äußerlich unfertige Form treibt das Kind an, alles gerade von innen her zu ergänzen und gleichsam seelisch hinzu zu modellieren, was noch fehlt. Steiner hat klar auf den Vorteil hingewiesen, den solches Spielzeug für den Menschen hat [5]).

Nicht früher, als bis ein Kind wirklich gehen kann, sollten ihm aus Stoff oder Holz gebildete Tiere gegeben werden. Für unsere Zeit ist es nicht so unwichtig, auch einige Worte über diese Tiere zu verlieren. Sie müssen ebenfalls einfach geformt wie die Puppen und frei von jeder Art Karrikatur sein. Also die unglückseligen Gestalten, die durch die Mode des Micky-Maus-Films entstanden sind, dürften niemals den Weg zu den Kindern nehmen. Diese von Disney geschaffenen Wesen haben nichts mehr von den wahren Seelenqualitäten, die jedes Tier besitzt und von den Kindern geliebt werden. Der starre menschliche Intellekt hat sich da in einem überheblichen Witz über das Tier gestellt. Auf ein Kind wirkt eine solche „Naturgeschichte" nur verderblich. Bemerkenswerterweise hat Steiner gelegentlich zwei Tiere besonders erwähnt, die dem Kinde im Spielzeug nicht nachgebildet werden sollten, und zwar der Affe und der Bär. Nach einiger Überlegung lernt man wohl auch dies verstehen. In der Gestalt des Affen lebt die Karrikatur des verhärteten Menschen. Es ist aber sofort klar, daß ein Kind nichts davon gewinnen kann, wenn es die Menschengestalt, die es so vollkommen als nur möglich erst auszubilden bestrebt ist, in aller Verzerrung als Spielzeug vor sich hat. Lange habe ich mich gefragt, was es denn für eine Bewandt-

---

5) Siehe z. B. Rudolf Steiner, „Die gesunde Entwicklung des Leiblich-Physischen als Grundlage der freien Entfaltung des Seelisch-Geistigen". Weihnachtskurs für Lehrer, gehalten am Goetheanum in Dornach vom 23. 12. 1921 bis 7. 1. 1922 (7. Vortrag). Gedruckt 1949, Phil.-Anthroposophischer Verlag am Goetheanum, Dornach (Schweiz).

nis mit dem Bären haben könne. Da kam eine Bemerkung zu Hilfe, die bei einer ganz anderen Gelegenheit in dem Buche von Willi O. Sucher, Isis-Sophia, erwähnt wird [6]). Dort heißt es: „Der Bär steht fest auf der Erde und bewegt sich sehr schnell und gewandt. Er ist zu stark mit der Erde verbunden, wie schon seine Gestalt zeigt. Menschen, die zu stark den Geist in die Materie zu pressen streben, dabei den Geist vergessend, werden oft in Legenden in Bärengestalt dargestellt.“ Das ist ganz richtig und wird ja in den verschiedenen Märchen bei Grimm deutlich gezeigt; die Bären, die hier vorkommen, sind meistens verwunschene Prinzen, die Erlösung von ihrer Schwere suchen. Gerade dieses Gewichtige darf man dem Kinde eben nicht durch sein Spielzeug vorführen. Das Kind soll sich in diesem frühen Alter noch gar nicht so intensiv in die Erdenschwere einleben.

Bevor aber das Kind gehen kann, müssen noch alle Spielzeugtiere wegbleiben. Denn für die Kinder ist es viel wichtiger, daß sie dem Menschen zuschauen, der schon erreicht hat, was sie selbst anstreben, nämlich aufrecht zu gehen. Ehe sie noch laufen, beobachten viele in eigentümlicher Art die Erwachsenen, die herumgehen. Das Kind wird nun nicht müde, immer wieder auf die Füße der sich bewegenden Menschen zu blicken. Mit Forschermiene wollen sie ausfindig machen, wie diese Leute es anstellen, herumzulaufen. In dieser Zeit kann es selbstredend nicht das Richtige sein, ihnen verschiedene Vierfüßler als Spielzeuge vorzuführen. Sobald aber einmal das freie Gehen erreicht ist, mögen für das Kind allerhand Holztierchen aufspazieren. Nun ist aber auch für das Spielen ein bestimmtes Stadium der Entwicklung erreicht. Jetzt darf schon alles herangebracht werden, das nicht nur die Sinne, sondern auch den Willen in Tätigkeit versetzt.

Im zweiten und dritten Jahre soll das Kind erhalten, was zum Gebrauch seiner Gliedmaßen anregt. Die Puppe muß jetzt möglichst groß sein, damit mit ihr alles getan werden kann, was das Kind selbst im alltäglichen Leben auch tut. Sie muß hingesetzt werden können zum Essen, niedergelegt zum

---

[6]) Isis-Sophia, Umriß einer geisteswissenschaftlichen Kosmologie. 1950, im Selbstverl. Albrigthon Hall, Broad Oak, Shrewsbury, England.

Schlafen usw. Das Kind kann sein Wägelchen haben, das es mit sich führt, sein Tierlein, das an einer Schnur gezogen wird, den Ball, den es wirft.

Solche Bewegungen dienen dem Willen; doch soll auch den Sinnen durch eine gewisse einfache Schönheit geholfen werden. Nicht nur die Form, sondern die entsprechende Farbengebung bewirkt dies — ob es sich nun um einen Ball, ein holzgeschnitztes Tier handelt oder einen Wagen, der auf Rädern rollt.

Die Beweglichkeit der Figuren ist zu der Zeit außerordentlich empfehlenswert für die Anregung und Entfaltung der Phantasie, wie dies schon vorher auch für die einfache Puppe beschrieben wurde. Bei dem beweglichen Spielzeug soll es sich nicht um komplizierte Mechanismen handeln, sondern um einfache, leicht überschaubare Bewegungen. Wenn man z. B. ein auf Rädern laufendes Hündchen hat, so können die Räder gleichzeitig die Beine wie in eine gehende Bewegung bringen. Die Bilder, die sich einem da einprägen, haben etwas von den Formen, die in primitiven Holzschnitten festgehalten sind. Dies regt das Kind an, alles innerlich noch hinzuzufügen, was außen fehlt. Dadurch wird es in seiner Seele lebendig und erfinderisch. Man hüte sich also, Kindern die geschmacklosen, aufziehbaren Spielzeuge aus Blech, Eisen oder Plastik zu geben. Gute Beispiele geeigneter Spielsachen sind an den Rudolf-Steiner-Schulen von den älteren Kindern für die jüngeren entworfen und im Handfertigkeitsunterricht ausgeführt worden.

VII.

Das Kind versucht in seinen Spielen, die es gerne spielt, sobald es einmal stehen und gehen kann, meist das zu ergänzen, was es noch selbst zur eigenen Entwicklung besonders braucht. So übt es sich wie im Spiele immer wieder und wieder, gewisse Fähigkeiten zu erlernen. Was ihm Übung bedeutet, erscheint uns als Spiel und ist sogar in einem gewissen Sinne auch wieder eine Art Spiel. Es mag z. B. einen Hügel erklettern und merkt, daß es die Steigung nur schwer überwinden kann. Dann wird es oft und oft hinaufklettern, meist hinfallen und wieder von vorne anfangen. Das geschieht in bester Laune und wird von spielerischem Lachen begleitet. Der Tag eines Kindes bis zum dritten Jahre ist erfüllt mit solchem Üben und Spielen; dem muß der Erwachsene das richtige Verständnis und die entsprechende Geduld entgegenbringen. Ein wichtiges Spiel, das ein Kind nach dem ersten Jahre nie müde wird zu spielen, ist Sich-Verstecken und sich wieder Findenlassen. Darin drückt sich etwas aus, das zu den wichtigen Vorgängen im Menschenwesen gehört. Sich auf der Erde zurechtzufinden gehört zu den wichtigen Aufgaben des Kindes. Sie bestehen darin, die Dinge, die uns die Außenwelt heranbringt, mit dem, was aus unserem Innern aufsteigt zu harmonisieren. Die Seele des Kindes ist aber noch sehr labil. Bald ist sie draußen beschäftigt mit der Umwelt, die sie durch die Sinne gefangen nimmt; bald wird die Willenswelt des Kindes in Aufruhr versetzt, wenn die Seele wieder tief in den Körper eintaucht. So vollzieht sich fortwährend ein Einziehen und Austreten des Seelenwesens, hinein in den Körper und wieder aus ihm heraus. Dieses Geschehen ahmt das Kind in dem Spiele vom Verstecken und Wiederfinden gerne nach.

Ein anderes, sehr belebtes Spiel hat denselben seelischen Hintergrund. Das ist Einsammeln und wieder Verteilen. Ein Kind liebt es, in einem Einkaufskorb all seine Spielsachen einzupacken und sie gleich nachher jemandem auszuhändigen. Auch allein für sich tun manche Kinder dasselbe. Erst streuen sie alles weit aus, dann holen sie alles wieder zurück.

Gewisse Lebensprozesse, die im Organischen vor sich gehen, werden in der Außenwelt als Spiel nacherlebt. Man denke nur, wie gerne z. B. Kinder etwas aus großen Holzstücken aufbauen. Sie führen eine Art Turm bis zu einer gewissen Höhe auf und stoßen dann plötzlich alles wieder um. Der unverständige Erwachsene wird leicht versucht sein zu sagen: „Ach wie schade, daß Du das jetzt umgeworfen hast." Der kleine Junge oder das kleine Mädchen fängt aber unbekümmert sofort wieder an, einen ähnlichen Turm zu bauen, um denselben nachher sofort wieder zu zerstören. Darin besteht eben der Lebensprozeß im Leibesinnern; dort wird immerfort abgebaut und aufgebaut. Trachtet man in unbefangener Weise die selbstgewählten Spiele der Kinder in dieser Art zu begreifen, dann wird der Erzieher die Weisheit solcher Dinge staunend bewundern. Er wird natürlich das Spiel nicht zu sinnloser Betätigung ausarten lassen. Es darf aber nie vergessen werden, daß hier mit „sinnvoll" vor allem vom Standpunkte des kindlichen Wesens gemeint ist, und nicht vom Gesichtspunkte des intellektualisierten Erwachsenen; letzteres geschieht leider dort, wo man z. B. die ausgedachte Erziehung der Montessori-Methode anwendet, die nun schon bis in das Säuglingsalter hinein ausgedehnt wird. Das Verderbliche dieser Art der Erziehung liegt in dem Umstande, daß man dem Kinde immer etwas „beibringen" will [7]); von Anfang an steht bei diesen Methoden die Absicht im Vordergrund, das kleine Kind müsse Nützliches lernen; dieses Streben hat meist nur etwas Ausgedachtes, Krampfhaftes und Peinigendes an sich. Nicht selten liegt die Idee zugrunde, das Lernen könne mit Kindern in ähnlicher Weise erreicht werden, wie das Abrichten bei einem Hunde. Wenn man's ihm tüchtig einbläut, wird er es sich schon merken!

In Wirklichkeit aber muß man immer feiner und feiner zusehen und hinhorchen, was aus dem Kinde wirklich kommen will und was sein Tun bedeutet; dann wird es möglich sein, ganz natürlich das Richtige zu tun und den entsprechenden Rat zu geben. Kinder, die durch die Umwelt noch nicht verdorben sind, wissen sogar in den ersten Jahren noch instinktiv, welches Spielzeug für sie geeignet ist. Das sie schädigende schauen sie kaum an und legen weg, was sich noch nicht für sie eignet. Allerdings gehört eine sehr genaue Beobachtung dazu, um dies richtig erkennen zu können und darauf einzugehen.

"Wichtig"

VIII.

Zu der Sinneswelt des Kindes gehört bis zu einem gewissen Grade auch alles, was es an Wäsche, Kleidern und Schuhen

---

7) In dem Kurs, den Rudolf Steiner zu Weihnachten 1921 für Lehrer am Goetheanum gehalten hat, heißt es im VII. Vortrage: „... Das Kind wehrt sich ganz unwillkürlich gegen dasjenige, was bewußt auf es einwirken will, besonders in den ersten zweieinhalb Lebensjahren."

tragen muß. Soweit dies die ersten Monate betrifft, war davon schon die Rede und hier soll noch einiges ergänzt werden, das etwa bis zum Ende des dritten Jahres Geltung haben sollte. Große Schwierigkeiten bereitet es heute, das richtige Material zu verwenden; denn es ist kein Zweifel, daß wirklich nur echte Stoffe genommen werden sollten: reine Wolle, Seide und Leinen. Auch anderes, wie Knöpfe z. B., sind lieber so zu wählen, daß nur natürliche Substanzen verwendet werden, ob es nun Perlmutter, Holz, Bein oder Horn ist. Man brauchte auch in keiner Weise vor dem dritten Jahre einen Unterschied in der Kleidung zwischen Mädchen und Knaben zu machen. Vor allem sollte die traditionelle Anwendung der Farben, blau für Buben, rosa für Mädchen, aufhören. Stattdessen müßte in der Farbgebung ein ganz anderer Standpunkt eingenommen werden; die Mutter könnte herausfinden, was für ihr Kind am geeignetsten ist. Wirkliche Farben müssen allerdings Verwendung finden, also Gelb oder Rot oder Blau — kein Braun oder Grau. Grün in der Kleidung müßte nur auf das ganz zarte Goldgrün beschränkt bleiben. Dagegen kann Weiß immer getragen werden. Dunkle Stoffe sind zu vermeiden. Die Beine sollen nicht nackt, sondern bedeckt sein, entweder durch entsprechende Beinkleider oder lange Strümpfe. Die Socken, ebenso die Strümpfe, aus dünner Wolle im Sommer oder dicker Wolle im Winter sind das Beste für die Kleinkinder. Was die Schuhe betrifft, sind nur hohe über die Knöchel gehende Lederschuhe empfehlenswert, da nur durch diese die Fußknöchel eine richtige Stütze finden. Die Kinder benötigen diesen Halt noch lange nach dem Aufrichten zur Festigung ihrer Füße. Es ist wichtig, Ledersohlen und keine Gummisohlen tragen zu lassen. Durch Gummi entsteht eine zu große Isolierung vom Boden, auf dem gegangen wird. Falls Gummischuhe unbedingt nötig erscheinen, seien sie über den gewöhnlichen Straßenschuhen getragen. Wasserdichte, imprägnierte und zu dicke Kleider haben die unliebsame Folge, den Träger allzu sehr von der umgebenden Luft abzudichten.

7. Kapitel

DIE PFORTE DES FÜHLENS

I.

Es ist vielleicht noch schwerer, den Wegen nachzuspüren, auf denen sich die fühlende Seele des Kindes inkarnieren möchte, als den Pfaden der sinnenden und wollenden Seele. Wenn sich die Sinnespforten geöffnet haben, strömt durch sie verhältnismäßig leicht ein, was aus der äußeren und inneren physischen Welt kommt. Die Wahrnehmungen schreiben sich ein auf dem Wege der Sinnesorgane und den dazugehörigen Nervenbahnen. Die Willensimpulse, erregt durch den Stoffwechsel, streben nach außen und entladen sich in der Aktivität der Bewegungsorgane. Die Kräfte der Sinne, die verbunden sind mit dem Nervensystem, führen schließlich zum Gehirn, dem Instrument des Denkens. Sie sind entwicklungsgeschichtlich etwas sehr Altes, das auf die Vergangenheit weist. Der Wille aber weist auf die Zukunft, auf die Gestaltung, die erst kommen wird. Was immer ich tun *will* — es ist noch nicht da, sonst brauchte ich es ja nicht erst zu wollen.

Das Fühlen dagegen ist gegenwärtig, gestaltet sich in jedem Momente neu. Sobald man es bedenkt, ist es schon vergangen, sobald man es will, ist es noch gar nicht da. Das Gefühlsleben des ganz kleinen Kindes befindet sich erst in Ausbildung und wird zu Beginn des Lebens von den beiden anderen Seelenpolen, in die es eingeschaltet ist, überwältigt. Deshalb konnte wohl Steiner sagen, daß das Kind einerseits ganz Sinnesorgan sei (es geht mit seinen 12 Sinnen in die außen und innen wahrnehmbare Welt völlig ein), andrerseits aber auch wieder ganz Willenswesen sei (indem es seinen eigenen Impulsen hemmungslos folgt). Weil diese beiden Welten, Sinnes- und Willenswelt, so eng aneinanderstoßen, wird das

Kind in der ersten Zeit des Lebens (wohl vor allem bis zum dritten Lebensjahre) ein durchaus nachahmendes Geschöpf. Es *sieht,* wie die Mutter den Löffel hält, sofort will es dasselbe auf die gleiche Art tun. Der Vater schlägt mit der Faust auf den Tisch. Das Kind sieht das, nimmt es voll in sich auf und läßt es sofort durch sich in die Willensseite durchfließen; hier wird das empfangene Bild zur Willensäußerung: das Kind schlägt auch auf den Tisch.

Ein Kind geht über die Wiese; es hatte die Absicht, zu dem Apfelbaum zu laufen. Da kommt ein Hund. Das Kind ist so gepackt von dem Anblick des Tieres, daß es schnell den Apfelbaum vergißt und zum Hunde rennt. Es hört ein Huhn gackern; es ist nun so erfüllt von dem Rufe der Henne, daß es den Hund stehen läßt und sich ganz dem Hühnchen zuwendet. Bei diesen Handlungen ist kaum etwas vorhanden, das als Gefühl bezeichnet werden könnte — ja es wäre nicht einmal genug Zeit zwischen der Sinneswahrnehmung und der durch sie verursachten Willenshandlung vorhanden, um Gefühle entwickeln zu lassen. Erst wenn ein Hindernis eintritt und der Weg z. B., der vom Kinde gewählt wurde, durch eine Hecke verlegt ist, dann staut sich der Wille. Diese Stauung führt zu einem deutlichen Mißbehagen, ja Leid in der kindlichen Seele. Plötzlich wird da im Herzen ein wilder Schmerz gefühlt, der noch nicht durch ein entwickeltes Denken vom Haupte her gemildert werden könnte, wie das später ganz natürlich der Fall ist. Das Kind weint, es heult, es spürt die Pein über die Hemmung am ganzen Leibe; und so wird es sich — je nach Veranlagung — entweder vor dem blokkierten Wege hinwerfen, mit Armen und Beinen herumtoben oder davor stehen bleiben und schreien, während die Tränen aus den Augen stürzen. An solchen Gefühlsausbrüchen kann der Zusammenhang des Fühlens mit Atmung und Zirkulation ganz offenbar werden. Kinder hören in einem solchen Augenblick auf zu atmen, werden oft blau im Gesichtchen, machen rhythmische Stöße mit dem Körper, bis sie endlich unter Geschrei und Weinen die innen gefangene Luft aus ihren Lungen pressen können. Nur weil die fühlende Seele ihre physischen Organe in früher Zeit noch gar nicht richtig durchorganisiert hat, kommt es im kindlichen Alter überhaupt so oft zum Weinen. Was soll nun der Erzieher tun? Er kann das Hindernis beseitigen, wenn dies möglich ist, und stillt auf solche Weise den Schmerz; oder er zeigt dem Kinde etwas ganz Neues, das den kleinen Kerl von der einen Wahrnehmung abzieht und seine Impulse in andere Richtungen lenkt. Das Schlimmste, das getan werden kann — und sogenannte unsentimentale Mütter und Väter wählen diese Methode nur allzu häufig — ist Schlagen des Kindes, um ihm „Vernunft beizubringen". Was geschieht dadurch? Der im Kinde bohrende Schmerz wird durch die Prügel noch erhöht, das Hindernis ist nicht nur nicht beseitigt, sondern stellt sich dem Kinde als unüberwindbar dar. Dazu sieht es noch die ihm unverständliche Wut des Erwachsenen. Die nachahmende Reaktion im Kinde führt leicht dahin, daß es die Mutter einfach zurückschlägt. Diese Tat zeitigt in der Frau zwei mögliche Folgen. Entweder besinnt sie sich und sieht das Erfolglose ihrer Erziehung ein. Der Ärger kühlt sich ab, sie schämt sich vielleicht sogar etwas und beruhigt ihren Sprößling. Oder aber sie gebärdet sich moralisch entrüstet über das „ungeratene" Kind, das die Hand gegen die eigene Mutter aufhebt; ihre Wut steigert sich und das kleine Wesen wird noch mehr verdroschen, bis es — als die schwächere Partei — nachgeben muß und schließlich seinem Schmerz nur mehr in leisem Schluchzen Ausdruck verleiht. Wie oft sind solche Szenen an jeder Straßenecke zu beobachten! Je jünger das Kind, um so verderblicher wirkt das Unverständnis der Erwachsenen. Das gesunde, unbefangene Einschwingen des Fühlens in den Körper wird gestört; ein bedrücktes Gemüt und eine Schädigung der rhythmischen Organisation kann sich in späteren Jahren dadurch zeigen.

II.

Das Instrument des Fühlens liegt, wie schon anfangs bemerkt, in Atmung und Blutumlauf und den in ihnen lebenden Rhythmen. Diese Rhythmen sind zu Anfang sehr schwankend; erst langsam werden sie mehr regelmäßig, wenn sich die Gefühle stärker differenzieren und sich nicht nur in äußersten Gegensätzen ausleben. Alles Rhythmische des täglichen Lebens verhilft dem Kinde zur Harmonisierung der Gefühle. Es braucht z. B. seinen Rhythmus von Schlafen und Wachen sehr notwendig. Nach dem Nachtschlaf und der Aktivität am Morgen ist (wie schon vorher erwähnt) wieder eine Schlafenspause bis zum Mittagessen einzuschieben, ebenso am Nachmittag vor der Nachtruhe. Die Mahlzeiten sind der Zeit nach möglichst gleichmäßig einzurichten. Natürlich liebt ein Kind, besonders in den ersten Jahren, alle Wiederholungen im Spiele. Das fördert seinen Atem, reguliert seinen Blutumlauf und festigt damit die Werkzeuge des Fühlens. Schon äußerlich kann man sehen, wie stark der Atemstoß von den Gefühlswogen beeinflußt wird. Ein Kind, das staunend auf einen hochgeworfenen Ball schaut, öffnet sein Mündchen weit und hält den Atem an. Überhaupt „verschlägt" es dem Kindlein leicht den Atem, sobald es etwas Neues erblickt. Bei rhythmischer Wiederholung erhält aber die Atmung ihr Gleichmaß wieder zurück. Das wohltuende der rhythmischen Wiederholung wird vom Kinde — natürlich unbewußt — einfach gefordert, und bringt Harmonie in Atmung und Blutumlauf.

Das Um und Auf der Gefühlswelt der ersten Jahre besteht eigentlich aus Schmerz und Freude; sie offenbaren sich vor allem in Weinen und Lachen. Diese Grundgefühle können sich im Säugling kaum äußern. Das Neugeborene hat noch gar nicht die Tränen zur Verfügung, die zum menschlichen Schmerz gehören — und über das Lächeln gehen die Meinungen weit auseinander, wann es zuerst auftritt. Das rührt davon her, daß manche Kinder schon mit zwei Wochen, andere erst nach sechs ein wirkliches Lächeln zeigen. Beide Gefühle schweben zuerst auf den Schwingen des Atemstromes, die Freude im verstärkten Ausatmen des Lachens, der Schmerz im verstärkten Einatmen des Weinens. Der Rhythmus der Atmung überträgt sich im Kinde viel stärker als im Erwachsenen auf den Rhythmus des Blutumlaufes. Und so empfängt das Herz auf diesem Wege Nachricht von diesen zwei Gefühlen, die im Kinde so nahe beieinander ruhen. Da dies vielleicht für wissenschaftliche Ohren zu novellistisch klingt, kann auch eine mehr physiologische Schilderung in Kürze gegeben werden. Im kindlichen Alter übt die Atmung einen viel stärkeren Einfluß auf die Zirkulation aus. Wenn tief ausgeatmet wird (wie also beim Lachen z. B.), dann verlangsamt sich der Puls; er wird ruhiger. Wenn tief eingeatmet wird (wie im Weinen oder Schluchzen), wird der Zirkulationsrhythmus beschleunigt, also mehr erregt. So daß man also auch an dem leichten Schwanken zwischen Weinen und Lachen einen Ausdruck dafür hat, wie wenig noch der Rhythmus, und mit ihm die Gefühlswelt, im Kindesalter herrscht. Aber wirklich aufgenommen und registriert wird dies alles von dem Zentralorgan des Fühlens, vom menschlichen Herzen; dort kann es auch erst richtig empfunden werden. Ob einem das Herz vor Leid schmerzt oder vor Freude zerspringen will — man lokalisiert eben seine Gefühle vorzüglich in diesem Organ. Und das Urgefühl des Menschen, die Liebe im wahrsten Sinne, wird im Herzen selbst erlebt. Auch sie ist stets verbunden mit Freude und Schmerz, mit Lachen und Weinen; ebenso wie das Kind selbst mit seinem Fühlen zunächst eingespannt ist zwischen Weinen und Lachen. Wie ganz selbstverständlich kann ein großer Dichter solche Dinge schildern, die sich ein wissenschaftlicher Mensch erst mühsam durch seine Gedanken klar machen muß! Und so schrieb Rückert:

„Lachen und Weinen"

Lachen und Weinen zu jeglicher Stunde
Ruht bei der Lieb' auf so mancherlei Grunde.
Morgens lacht' ich vor Lust,
Und warum ich nun weine
Bei des Abends Scheine,
Ist mir selb' nicht bewußt, ist mir selb' nicht bewußt.

Weinen und Lachen zu jeglicher Stunde
Ruht bei der Lieb' auf so mancherlei Grunde.
Abends weint' ich vor Schmerz;
Und warum du erwachen kannst am Morgen mit Lachen,
Muß ich dich fragen, o Herz, muß ich dich fragen, o Herz!

Und Schubert hat in dem entsprechenden Lied noch durch die Musik vertieft, was Worte allein nicht geben konnten.

III.

Es ist sehr auffallend, daß in kleinen Kindern, etwa zwischen ein und zwei Jahren, aber sogar schon einige Monate vorher, eine eigentümliche Art von Gedächtnis auftaucht. Die später sich ausbildende Erinnerungsmöglichkeit ist recht verschieden davon. Wenn z. B. ein Kind bei seinem Spaziergang an einer Holztür vorbeikommt, die nur angelehnt ist, und es entdeckt, man könnte die Türe auf- und zumachen, dann wird das Kind jedesmal beim Vorübergehen sofort das Spiel wieder beginnen. Wie diese Form des Gedächtnisses zustande kommt, wird durch das geschilderte Verhältnis der drei Seelenfunktionen erklärlich. Das Kind hat das erstemal die Türe wahrgenommen, sie berührt und in Bewegung gesetzt. Die Wahrnehmung taucht sofort in die Willensregion unter, ohne das Fühlen viel zu berühren. Damit schreibt sich die Wahrnehmung in die ganzen Lebensvorgänge ein, die von den Willensimpulsen gefolgt sind. Die Lebenskräfte, die mit dem Aufbau des Leibes zu tun haben, sind ja ein physisch unsichtbarer Kräfteleib, der sich später zum Träger des gewöhnlichen Gedächtnisses umwandelt. Nur kurz sei daran erinnert, daß doch der ganze Plan der Menschengestalt unsichtbar da sein muß, sonst könnte niemals ein gesetzmäßiges Wachstum möglich sein, das sich im Aufbau der organischen Gestalt auslebt. Steiner nannte diesen Teil des Menschen den Äther- oder Bildekräfteleib. In der Folge wird noch darauf zurückzukommen sein, in welcher Weise dieser Ätherleib mit der Erinnerungsfähigkeit im späteren Leben zusammenhängt. Aber jetzt, in der ganz frühen Kindheit, spielt sich das Erinnern, wie in dem Beispiel von der Tür, anders ab, denn Wahrnehmung und Wille sind noch unmittelbar verbunden und können in einem Momente noch leicht eins werden. Obwohl alles Vergleichen mit der Tierwelt und der menschlichen Entwicklung zu einer ganz verheerenden Auffassung des Menschenwesens geführt hat, sei trotzdem, zur Verdeutlichung des Vorganges, an ein gewissermaßen verwandtes Gedächtnis unter den Tieren erinnert. Ähnlich wie sich die Erinnerung bei unserem mit der Holztür spielenden Kinde verhält, arbeitet auch schon eine Art Gedächtnis im Hunde. Hunde haben den unerhört feinen Geruchsinn und guten Gehörsinn. Bei ihnen schlägt die Wahrnehmung ebenfalls sofort in die Willensorganisation durch. Sie reagieren deshalb auch bei derselben Wahrnehmung sofort mit der gleichen Handlung. Daher kann man sie abrichten. Der Jagdhund riecht den Fuchs — und weg ist er, bis das Wild erjagt ist. Oder man läßt besondere Spürhunde ein Kleidungsstück riechen und sie rennen, bis sie am Ende der Spur angelangt sind. Ein Wachthund hört ein Geräusch — sofort muß er bellen. Wesentlich ist für diese Betrachtung, daß der Sinneseindruck beim Hunde glatt in die Willensregion durchschlägt. Bei solchen Tieren, und darauf kommt es vor allem an, hat die mittlere Region mit ihrem Gefühl und Rhythmus, wenig Einfluß. Das ist auch bei dem Kleinkinde noch zum großen Teile der Fall und schafft die oft sehr erstaunliche und nicht immer verstandene Form eines Gedächtnisses. Diese Art verliert sich, etwa vom Ende des dritten Jahres an, mehr und mehr, sobald sich alle drei Teile des Seelenlebens, Denken, Fühlen und Wollen, stärker harmonisiert haben.

IV.

Schmerz erfährt das Kind dadurch, daß es allerhand tun möchte, vieles wünscht — aber nicht die Fähigkeit besitzt, sich verständlich zu machen, solange es nicht richtig sprechen kann. Die gut beobachtende Mutter, die ein Kind betreut, muß allmählich so verbunden sein mit all den Regungen des kleinen Geschöpfes, daß sie möglichst schnell errät, was gewollt wird. Wieviele Kinder weinen lange, ehe die Erwachsenen begreifen, daß sie hungrig oder durstig sind; daß ihnen zu kalt oder zu heiß ist. Mit einem entsprechenden Grade von Aufmerksamkeit gelingt es oft ganz schnell zu verstehen, um was es sich handelt. Wenn manche Kinder trinken möchten, ziehen sie mit vorgestreckten Lippen die Luft nach innen. Dies ist ein Beispiel einer Zeichensprache, die meist gar nicht begriffen wird. Erwachsene sollten sich immer daran erinnern, wie es ihnen in einem Lande erginge, wo niemand ihre Sprache verstünde. Die kleinsten Wünsche könnten da — weil niemand sie begriffe — nicht erfüllt werden. Hat man solch einen Vergleich gegenwärtig, dann wird einem klar, daß das frühkindliche Leben sehr leiderfüllt werden kann ohne das genügende Interesse der Pflegepersonen.

Wie das Gehenkönnen einen gewaltigen Sprung in der Entwicklung des kindlichen Wollens bedeutet, so ist die Erlernung der Sprache ein wichtiger Zeitpunkt für die Entfaltung des Fühlens. Eine Welt der Gefühle äußert sich schon, wenn das Kind mit dem Atemstrom sein „Ah“ und „Oh“ hinaus spricht! Einfaches Unterscheiden der aufsteigenden Empfindungen kann ein etwas geübteres Ohr leicht an den Vokalen erkennen, die manche Kinder so klangvoll ausrufen. Welches Staunen, welche Bewunderung und Freude ist an dem Ah zu hören! Differenzierung ergibt sich meist durch die Länge oder Kürze des gesprochenen Lautes, des vollen Tönens oder des nur schwach Hinhauchens. Anders ist es mit dem Oh. Irgendein Schmerz wird vom Kinde damit ausgedrückt, aber es ist ein mehr besinnlicher Schmerz. Man sagt auch noch später: „Oh weh“, oder „oh, Himmel“, es wird das Leid gemildert und gedämpft durch das Oh. Der heftige Schmerz äußert sich im Au. Diese Ausrufe sind ja, wie allgemein als selbstverständlich angenommen wird, der gewöhnliche Ausgangspunkt des Sprechens. Aber auch die Art und Weise, in der ein Kind seine Konsonanten zu üben beginnt, erhält stets eine bestimmte Gefühlsfärbung. Die Sprache ist noch viel komplizierter und umständlicher zu erlernen als das Gehen, das auch schon so viel Übung erfordert. Beim Sprechenlernen wird das Kind nicht müde, die Laute, die es gerade erfaßt, immer zu wiederholen. Zuerst spielt sich alles wie im Traume ab, ähnlich wie die Welt der Gefühle auch. Die beste Gelegenheit der Beobachtung bietet sich vor dem Einschlafen des Kindes. Manchmal übt es sich da z. B. im L-Laut, verbindet ihn mit dem A. Im A entfaltet sich der Ausatmungsstrom; das tönende L verleiht ihm die Schwingen, die die Seele aus dem Wachen in den Traum hinüberführt. Tritt irgendeine Störung der Ruhe auf, dann hört man manchmal ein rollendes R, wie ein Grollen oder dumpfes Donnern, das aus dem Innern ärgerlich aufsteigt.

Der Gefühlsklang, der sich in vielen Silben offenbart, ist in dieser Zeit der Sprechversuche wunderbar anziehend und ausdrucksvoll. Später verliert sich dies mehr und mehr, sobald nach dem dritten Jahre ein stärker denkerisches Element in dem Sprechen Eingang findet. Eine solche Gefühlsbetonung tritt besonders dann hervor, wenn das Kind bestimmte Personen, die es nun kennen gelernt hat, in seiner Art auch benennen kann. Eine Fülle von liebender Hingabe lebt in dem Klange, mit dem das Kind nicht müde wird, Ma-ma oder Papa auszusprechen. Später wiederholt sich die Süße dieser Laute kaum.

Wer feiner hinhört auf das Wesen der kindlichen Sprache, wird unmittelbar erkennen, daß die tönenden Vokale aus dem Fühlen der Seele heraufklingen. Die Vokale schwingen mit der Ausatmungsluft und werden von den Kindern anfangs oft halb oder ganz gesungen. Dies ist besonders an fröhlichen Kindern zu bemerken, wenn sie am Abend im Bettchen ihr A hinausrufend singen. Im Zuhören eines solchen Gesanges wird man daran erinnert, was Rudolf Steiner einmal von der Entstehung der Sprache sagt: „Und in sehr alten Zeiten der irdischen Menschen-Entwicklung unterschied sich die lautlich-tonliche Offenbarung des Menschen nicht nach Gesang und Sprache, sondern *beides war eines.* Und was man von der menschlichen Ursprache oftmals mitteilt, das ist eigentlich so, daß man auch sagen könnte: diese menschliche *Ursprache* ist ein *Urgesang* [1])." Die Kinder wiederholen offensichtlich auch im Erlernen des Sprechens nochmals in Kürze die Gesamt-Sprach-Entwicklung der Menschheit.

V.

Die Konsonanten unterbrechen jeweils die Ausatmung in einer bestimmten Weise; sie färben dadurch die Gefühle in ihrer Art, je nachdem die Unterbrechung geschieht. Eine solche

---

1) Rudolf Steiner, „Des Menschen Äußerung durch Ton und Wort", Vortrag vom 2. 12. 1922, Philosophisch-Anthroposophischer Verlag am Goetheanum, Dornach, Schweiz, 1928.

Unterbrechung mag von außen bewirkt sein. Ein Kind (und dies ist, in allen Einzelheiten, ein aus dem Leben geholtes Beispiel), das noch kaum redet und noch keine zwei Jahre alt ist, tut folgendes: abends, vor dem Einschlafen, spricht und singt es klar und laut seinen A-Vokal hinaus, immer wieder. Da fährt, nicht sehr weit vom Hause, ein Zug vorbei. Das Kind kennt den Lärm der Lokomotive von seinem Tageserleben her. Sobald das Kindchen, bei herabgelassenen Vorhängen, den fahrenden Zug hört, hält es ganz plötzlich in seinem A-Gesang inne, indem es ein dreifaches F-F-F faucht, dem wieder das A folgt. Es wird also das innere Gefühlserlebnis, das sich im gesungenen A vernehmen ließ, durch ein Geschehen in der Umwelt draußen unterbrochen; darauf reagiert das Kind mit F, weil es sozusagen versucht, die Sprache nachzureden, die der Zug spricht. Daran sieht man, wie der Konsonant eine Formkraft in sich trägt; in dem gewählten Beispiel zeigt sich, daß der F-Laut vom Kind benützt wird, um den Zug klanglich nachzubilden. Man braucht dann vielleicht nur noch einen Schritt weiterzugehen, um zu verstehen, wie Rudolf Steiner das Wesen der Konsonanten noch viel tiefer auffaßte. Jeder Konsonant ist seiner eigentlichen Wesenheit nach etwas durchaus Geistiges, wie die Sprache selbst auch. Wie das Kind im irdischen Aussprechen des F einen Ausdruck für die äußere Welt findet, so haben einmal die Götter ihre bestimmten Laute gesprochen. Nun denke man sich aber, daß jenes Kind nicht nur die äußere Welt nachbilde, sondern immer, wenn es sein F spräche, den Zug neu schaffen könnte. Immer also, wenn dieses F in einer bestimmten Form aus dem Munde tönte, würde eine Lokomotive und die Eisenbahnwagen entstehen — so mag man einen Vergleich finden zur alten göttlichen Sprachkraft und der Macht, die einmal in den Konsonanten gelebt haben muß. Aus einer solchen Überlegung wird es vielleicht für manchen leichter sein zu begreifen, wieso das Geheimnisvolle: „Am Anfang war das Wort" . . . eine tiefe Wahrheit enthält. Die in der Gottheit lebenden Laute haben eben wirkliche Schaffenskraft gehabt. Die Erinnerung lebt noch in den Bildern der biblischen Schöpfungsgeschichte, wenn es z. B. dort heißt: „Und Gott *sprach* . . ." und indem er es ausspricht, ist er gleichzeitig Schöpfer. Auch das Menschenbild wird aus der Sprache geschaffen. Ja, der Mensch wird erst eine lebendige Seele dadurch, daß Gott ihm einblies „den lebendigen Odem in seine Nase".

Hier würde es wohl viel zu weit führen, noch genauer auf Einzelheiten über den Zusammenhang von Sprache und Menschenwerdung einzugehen. Nur die Wichtigkeit der Konsonanten sei insofern betont, als jeder dieser Laute wie ein spezieller Ausfluß einer bestimmten geistigen Gestaltungskraft anzusehen ist. Dieselbe Kraft, die z. B. zur Bildung des R führt, hat mit der Formung des menschlichen Kehlkopfes zu tun.

Von Alters her hatte man nämlich eine Kenntnis davon, daß nicht nur der Mensch seine Form den Gestirnen des sogenannten Tierkreises am Himmel verdanke, sondern daß ebenso die in der Sprache waltenden Konsonanten ursprünglich aus denselben Sternenkräften stammen.

Man erinnere sich nochmals daran, daß in den Vokalen das Fühlen der Seele im Kinde unmittelbar herauftönt. Dann erfolgt eine Unterbrechung durch die Konsonanten, die jeweils verschiedenen Teilen des Organismus entsprechen. So kann sich eine ganz große Gefühlsskala im gesprochenen Worte entfalten, je nachdem, woher die konsonantische Unterbrechung stammt, z. B. mehr vom oberen Organismus, vom Haupte her oder von den Gliedmaßen her. Es besteht doch kein Zweifel, daß unser Fühlen meist beeinflußt und gefärbt wird durch bestimmte Teile unseres Körpers. Steigt z. B. aus unserer Seele ein Gefühl der Freude auf über einen Erfolg, den wir gehabt haben, dann wird ein krankes Herz leicht der Freude ein Gefühl von Ängstlichkeit oder Zweifel beimischen. Was im Erwachsenen auftritt, ist aber im Kinde sehr verstärkt vorhanden, indem das frei im Vokal aufsteigende Fühlen durch die Hemmung des Konsonanten stets differenziert wird beim Sprechen. Nur als ein erläuterndes Beispiel sei einmal vorgestellt, das Kind drücke seine Freude im A aus. Die Kräfte des Herzens haben den T-Laut als den zum Organ gehörigen Konsonanten. (Im Tierkreis ist nämlich sowohl das

Herz wie das T mit dem Sternbild des Löwen verwandt). Hat das Kind ein gesundes Herz und hat es aus der Umgebung schöne T-Laute gelernt, dann wird es, noch ehe es wirklich sprechen kann — mit Wonne TA oder ATA oder TATA sprechen. Und das hilft ihm für die gesunde Entwicklung seines Herzens. Sprechen aber die Leute in dem Umkreise des Kindes nachlässig ihr T, dann spricht der kindliche Mund ebenfalls nachlässig und wird durch das schlecht ausgedrückte T sein Herz bedrücken. Auf diese Weise kann eine leichte Stauung im Herz entstehen. Die gleicht sich natürlich im allgemeinen bald aus; wiederholt sich dies aber immer wieder, so wird schließlich eine wirklich bis in das Organische reichende Schädigung gesetzt werden; deren eigentlicher Grund liegt in der schlechten Sprache der Erwachsenen.

Das Kind vermag seine Vokale zum Teil noch gerade selbst zu entdecken. Mit den Konsonanten geht dies viel schwerer. Es braucht die Unterstützung des Erwachsenen, die Sprache der Umgebung, um mit Hilfe der Nachahmung die Sprache zu finden. Dieselbe gestaltet sich zur Pforte des Gefühls. Hört das Kind die Laute der Sprache klar gesprochen, so bereitet es keine Schwierigkeiten, den entsprechenden Teil des Organismus mitschwingen zu lassen. Der feiner empfindende Erwachsene mit sogenanntem Sprachgefühl kann sich richtig wohlfühlen in seinen Organen, wenn er eine schöne, volltönende Sprache hört, aber bedrückt und beengt durch charakterloses und ungeformtes Reden. Am einfachsten ist die Beeinflussung der Atmung festzustellen. Eine wirkliche Gefahr ergibt sich für das Kind, wenn die Personen, die mit ihm leben, die Kindersprache nachahmen, statt richtig zu sprechen. Das Kind muß sich gerade hinaufranken an den reinen Tönen und Klängen, damit sein Leib richtig miterzittert im neuerwachten Gefühlsleben. Die dumme Nachäffung seiner eigenen Unvollkommenheit verursacht Verwirrung und ruiniert die Organe bis in das Physische hinein. Natürlich kann man die Folgen auf das Kind gar nicht so unmittelbar herausfinden, sondern sieht erst im späteren Leben Schwächen auftreten, deren Ursachen einem meist rätselhaft erscheinen. Aber in dem Zusammenhange, der hier in Kürze gezeigt wurde, wird vielleicht doch leichter verständlich, wenn R. Steiner aufmerksam machen muß: „So daß manches, was man diagnostizieren kann im späteren Leben als schwache Verdauung, richtig seinen Ursachen nach herausgefunden wird dadurch, daß man erfährt, dieser Mensch hat als ganz kleines Kind ein sich zu kindlich machendes Kindermädchen gehabt [2]).

Wie also im Bewegen von Gliedmaßen und Stoffwechsel die wollende Seele eintreten kann in den kindlichen Leib, durch die Vielfalt der Sinnesorgane die sinnende und denkende Seele, so ist die Sprache das Werkzeug und die Pforte, durch die die fühlende Menschenseele ihren Weg in den Körper findet.

Das Kind, das einmal so weit gekommen ist, daß es sich sprachlich ausdrücken kann, zeigt, bei einer richtigen Leitung, eine Fülle von sich befreienden Gefühlen. Wirkliche Gefühlsausbrüche der liebevollen Zärtlichkeit, mit Umarmungen und Küssen, wird man meist erst erleben, nachdem eine gewisse Sprachreife eingetreten ist. Das pflegt gegen Ende des dritten Jahres der Fall zu sein.

---

2) Kurs für Lehrer, gehalten am Goetheanum v. Rudolf Steiner, 1921.

8. Kapitel

DAS ERWACHEN DES ICH

I.

Sobald das Kind durch die Fähigkeit des Sprechens eine Möglichkeit gewonnen hat, sich leichter mit seiner Umgebung zu verständigen, wird sein Gefühlsleben viel beweglicher und vertiefter. Dieses leichte Atmen, das Geben und Nehmen, aus dem Aus- und Ein-Atmung besteht, wird erst jetzt richtig entwickelt. Man denke nochmals daran, wie schwer es für ein Kind sein müsse, einen besonderen Wunsch zu haben, ohne ihn recht äußern zu können; oder es beobachte etwas, und habe keine Möglichkeit zu sagen, was es wisse. Nur als ein Beispiel sei eine Stelle aus der Biographie eines englischen Schriftstellers erwähnt. „Father and Son" ist der Titel der Lebensgeschichte, die Edmund Gosse 1907 geschrieben hat [1]. In der Zeit, da der Autor als Kind, das noch nicht sprechen konnte, einmal in seinem kleinen Stuhle saß, brachte jemand eine Hammelkeule ins Zimmer herein, legte sie auf den Eßtisch dicht neben dem Kindersessel. Der Knabe, allein gelassen, schaut durch zwei weit offene Fenster in den Garten. Plötzlich erscheint lautlos ein großer Hund bei einem Fenster, schleicht in den Raum, ergreift die Keule und entfernt sich lautlos damit. Dies ist ein außerordentlich frühes Erlebnis, das Gosse in Erinnerung behielt. Die Erwachsenen standen vor einem Rätsel, als sie wieder in das Eßzimmer traten und das Fleisch verschwunden war. Das Kind wußte alles — konnte aber nichts von seiner Kenntnis mitteilen. Ein Onkel — so geht aus der Schilderung hervor — muß scherzweise behauptet haben, das Kind hätte alles aufgegessen. Man stelle

1) 1951, Evergreen Books, London.

sich aber vor, was ein Büblein durchmacht, wenn Erwachsene solche Witze machen, während es selbst so gerne klarstellen möchte, was wirklich geschehen ist. Welche Stauung von Gefühlen, die keinen Ausweg finden, wird dies zur Folge haben!

Während gegen Ende des zweiten Jahres die Sprache ausgebildet wird, wodurch sich die mittlere Sphäre harmonischer in den Menschen eingliedert, geht ein wichtiger Prozeß im ganzen Bereiche des Hauptes vor sich. In einem vorangehenden Kapitel ist schon gezeigt worden, wie die Entwicklung des Kopfes dem übrigen Organismus an Schnelligkeit voraneilt. Die Bildung von Gehirn, Nervensystem und Sinnesorganen ist gegen Mitte des dritten Jahres schon sehr weit fortgeschritten. Die Wachstumskräfte, die an der Gestaltung des Gehirns, der Schädelknochen und den anderen Organen des Kopfes zu tun hatten, werden jetzt bis zu einem gewissen Grade frei. Dieser Zeitpunkt fällt ungefähr mit der Vollendung des sogenannten Milchgebisses zusammen; das ist etwa mit zweieinhalb Jahren der Fall; dann pflegen meist alle ersten Zähne, zwanzig an der Zahl, durchgebrochen zu sein.

Die Formbildung des physischen Leibes aus einem zunächst unsichtbaren, aber darum nicht weniger genauen Plane, geht schrittweise vor sich. Sobald der eine Teil des Körpers verhältnismäßig fertig ausgebildet ist, können die vorhandenen Kräfte, die sich ihrer physischen Aufgabe entledigt haben, andere Arbeit übernehmen.

Rudolf Steiner hat die Gesamtheit der Wachstumskräfte als Ätherkräfte (aber nicht im atomistischen Sinne etwa) bezeichnet. Jeder Mensch besitzt dementsprechend einen Ätherleib, der zwar physisch nicht sichtbar wird, aber trotzdem eine vollkommene Wirklichkeit ist, denn er trägt den Plan der menschlichen Form in sich. Nach zwei Jahren [2]) wird also ein Teil der zum Kopfe gehörigen Wachstumskräfte frei; von der Zeit an erhält das Kind eine Möglichkeit, sein Denken zu entfalten. Allerdings ist dieses Denken seinem innersten Wesen nach noch anders als das Denken der Erwachsenen. Das kindliche Denken wird in dieser Zeit ganz bildhaft und gegenständlich,

---

2) Steiner nimmt als den Zeitpunkt ein Alter von 2½ Jahren an.

nicht begrifflich. Wenn man z. B. sagt „groß“, so kann das Kind damit nichts anfangen. Ein Pferd ist groß, ein Haus oder der Vater. Es denkt immer in Bildvorstellungen. Das hat große Bedeutung für die Zeit der Erziehung in jenen Jahren, bis gegen das Ende des fünften Lebensjahres. Wie sehr man dies berücksichtigen soll, wird noch später auseinandergesetzt werden. Im dritten Jahre vollzieht sich aber ein gewaltiger Sprung in der Entwicklung der menschlichen Wesenheit, der erkannt werden muß. Durch die Pforte der Sinne hat sich das Kind so weit nach außen hin geöffnet, daß fortwährend Bilder in die Seele einströmen können; allmählich wird es möglich, die Bilder festzuhalten. Es entstehen Bildvorstellungen und die erste Geburt des Denkens findet statt.

Durch die Pforte des Willens hat sich das Kind nach innen geöffnet und eignet sich immer mehr die Fähigkeit an, die geformten Organe benützen zu können, Es hat nun gelernt, auf welche Weise es die Gliedmaßen bewegen muß, wenn ein Willensimpuls innerlich aufsteigt.

Und zwischen den beiden Polen, der Hauptesorganisation einerseits, dem Stoffwechsel-Gliedmaßenorganismus andrerseits gliedert sich allmählich der Rhythmus von Atmung und Zirkulation harmonisch ein. Hier hat sich das Fühlen ausgebildet; mit der Entfaltung der Sprache dringt nun auch nach außen, was vorher noch keinen wahren Ausdruck hatte finden können. Jetzt zeigt sich der Mensch zum erstenmal als ein individuelles Wesen, begabt mit den drei Fähigkeiten seiner Seele, dem Denken, Fühlen und Wollen. Von der Zeit an kann vom Menschen nicht mehr bloß als von einem höheren Tiere gesprochen werden — weil etwas völlig Neues in Erscheinung getreten ist, das Individuum. Es ist daher ganz selbstverständlich, wenn um das dritte Jahr herum das Kind plötzlich fähig wird, von sich als von einer wirklichen Persönlichkeit zu sprechen. Es kann auf einmal *ich* von sich selbst sagen — und meint sich auch als Ich. (Wenn es vorher das Wort Ich ausspricht, ist es meist nur eine Art Nachsprechen — aber später versteht es genau, was Ich meint.) Rudolf Steiner hat immer gerne das Beispiel von Jean Paul angeführt, der mit besonderer Bewußtheit durch dieses Ich-Erlebnis im dritten Lebensjahr gegangen ist.

Die Erinnerungen der meisten Menschen gehen eigentlich auch nicht weiter zurück als gerade bis in diese Zeit des dritten Jahres, wo sie sich eben endlich als eine einheitliche Persönlichkeit erleben können. Der schon erwähnte Wilhelm von Kügelgen gibt in den „Jugenderinnerungen eines alten Mannes" ein schönes Beispiel dafür: „Meine erste, einigermaßen deutliche Erinnerung beginnt mit dem 20. November 1805, an welchem Tage ich drei Jahre alt wurde. Als ich am Morgen die Augen aufschlug, strahlten mich drei kleine Wachskerzen an, die auf weißgedecktem, mit Immergrün garniertem Tische um einen prachtvollen Kuchen standen . . ." (2. Kapitel).

Alle besonderen Stadien des menschlichen Lebens kündigen sich auch schon durch gewisse Anzeichen in vorhergehenden Perioden der Entwicklung an. Was sich z. B. im 3. Lebensjahr wie eine erste Geburt des Ich zeigt, findet später zwischen 9 und 10 Jahren wieder statt, wenn auch auf einer anderen Stufe.

Für das dritte Lebensjahr muß in der Erziehung dieses Ich-Erlebnis vorbereitet werden. Fragt man sich, wie dies am besten geschehen kann, so können gewisse Prinzipien der Erziehung, die Steiner andeutet, ungemein aufklärend sein. Er sagt ganz deutlich, daß vom Kinde in den ersten Lebensjahren eigentlich alles abgelehnt wird, „was durch den Willen des Erziehenden eingerichtet ist". Das Kind hat das Bedürfnis, frei nachzuahmen, was ihm dargelebt wird von den Erwachsenen. Es will sich zu nichts zwingen lassen. Dies kann oft ganz besonders klar in der Zeit knapp vor dem Sprechen beobachtet werden. Ein Knabe dieses Alters wurde zu viel von einem älteren Onkel „erzogen"; dieser hing zwar mit Liebe an dem Kinde, versuchte aber den Willen des Buben immer stark zu beeinflussen. Er mußte z. B. in gewisser Weise auf der Bank neben dem Oheim sitzen und durfte nicht im Garten dorthin gehen, wohin er eben wollte. Kurz, das Kind wurde immer zu etwas gedrängt, was es selbst gar nicht wünschte. Das hatte eine seltsame Folge. Sobald der Knabe mit drei Jahren die Sprache zu beherrschen begann, lehnte er, scheinbar mit voller Bewußtheit, alle Beziehungen zu dem Onkel ab und schaute ihn nicht mehr an. Alle Lockungen blieben erfolglos. Was liegt hier vor und was kann man daraus lernen?

Zunächst muß verstanden werden, weshalb das Kind die Willensbeeinflussung in jener Zeit ablehnt. Gegen Ende des dritten Jahres wird alles darauf angelegt, daß ein Erleben der Persönlichkeit richtig zustande komme. Mit dem Ich des Menschen hängt die innere Freiheit zusammen. Der erste Funken davon kann gerade um die Zeit des dritten Lebensjahres im Kinde entzündet werden. Dies ist ein wichtiger Augenblick. Hilfreich wird dafür vorgesorgt, wenn man vorher nichts vom Kinde erzwingen will und es unbeeinflußt läßt — soweit dies natürlich noch eben möglich ist. Verhält sich der Erzieher in dieser Weise, so wird er bald bemerken, wie das Kind ein besonderes Vertrauen zu ihm gewinnt. Es wendet sich ganz von selbst an den Erwachsenen, wie mit einer Frage, sobald es bei einer Unternehmung unsicher wird. Ein Knabe z. B., der für ein Kälbchen Blätter und Gras pflückte, um es damit zu füttern, drehte sich jedesmal, bevor er zu dem Tiere hinging, um und fragte den Vater, ob er es tun solle. Das Kind fühlte sich ganz leicht ängstlich und hatte das unbedingte Bedürfnis, in seinem Tun bestärkt zu werden. Es konnte noch kaum viel sprechen, aber aus den Lauten und dem Blick der Augen war die Frage leicht zu erkennen. Es genügte, mit dem Kopfe zu nicken oder zu sagen: „Ja, gehe nur hin", und das Büblein tat es auch. Aber man soll das Kind in dieser Zeit ja nicht zu etwas drängen, das es nicht von sich aus will.

In der Zeit, wenn im Kinde das Ich erwacht, wird man bemerken, wie es sich immer mehr bemüht, viele Dinge, die es sieht, selbst zu machen. In diesem Stadium lebt nicht nur das Bestreben der Nachahmung allein, sondern es verbindet sich eben sehr stark der Wille etwas zu tun und zugleich zu empfinden, daß nicht jemand anderer, sondern das Kind selbst imstande ist, etwas auszuführen. Das Kind sieht z. B. genau, wie die Mutter einen Teller in den Küchenschrank gibt. Nun möchte es auch einen Teller hineingeben. Solange es jünger ist, also noch ziemlich unter drei Jahren, dann wird es ganz zufrieden sein, wenn die für ihr Geschirr ängstliche Mutter den Teller festhält und das kleine Büblein oder Mägdlein es nur mit einem Finger scheinbar weiter bewegt. Nach drei kann das Festhalten eines Tellers durch den Erwachsenen, bei einem etwas temperamentvolleren Kinde, einen richtigen Wutanfall verursachen. Dem wird man am besten zuvorkommen, wenn wir die Handlung ruhig das Kind allein ausführen lassen. Durch ein Mißverstehen dieses Zeitpunktes werden dem Kinde unvorstellbare Schmerzen verursacht. Mütter und Väter verlieren oft ihre Fassung über das „ungeratene" Söhnlein und lassen nicht gar so selten ihrem eigenen Jähzorn freien Lauf, der zu Strafen, Prügel und Geschrei führt.

Es darf ja nicht versäumt werden, dem großen Umschwunge Rechnung zu tragen, der sich nach dem Erwachen des Ich in der Art der Nachahmung zeigt. Das Kind macht vorher einfach alles nach, was ihm außen gezeigt wird. Es lebt so stark in seiner Umwelt, daß es ganz mitschwingt mit ihr. Ein einsichtiger Erzieher braucht einem Kinde nicht „beizubringen", wie es mit dem Löffelchen essen solle, wie es seinen Becher halten könne, ohne Milch zu verschütten, oder gar wie es bei Tisch zu sitzen habe. Wenn es nicht gedrängt wird, aber genau zuschauen darf, ahmt es nach, was es sieht. Das wird bis in kleinste Einzelheiten geschehen. Sitzt der Vater mit verschränkten Armen auf dem Stuhl, das Kindlein macht bald die gleichen Bewegungen und wenn die Mutter beim Tische ihre beiden Ellbogen aufstützt, geschieht in kurzer Zeit von Seiten des Knaben oder Mädchen dasselbe.

Nach dem dritten Jahre ist eine Wandlung in der Nachahmung zu sehen, die sich oft nur ganz fein zeigt, aber sehr einschneidend ist. Das Kind imitiert jetzt nicht mehr so wie vorher, wo es etwa wie ein Spiegel wiedergab, was vor dem Spiegel sich abspielt. Jetzt will es schon mit einem gewissen Bewußtsein für sich selbst das tun, was jemand anderer tut. Es sagt, unbewußt selbstredend, zu sich selbst etwa folgendes: „Wie nimmt sich das in mir eigentlich aus, wenn ich die Arme so verschränke wie mein Vater oder mich stütze wie die Mutter." Es will in seinem eigenen Persönchen spüren, was da in einem selbst vorgeht, wenn man sich nachahmend so bewegt wie jemand anderer. In diesem Tun muß es frei gelassen werden.

Die Ungezwungenheit empfindet es in einer wunderbaren Weise im Innern und erlebt zum ersten Male ein wahres Glücksgefühl der Freiheit. Bei manchen bedeutenden Persönlichkeiten führt dies zu einem solchen Erlebnisse, wie es Jean Paul beschreibt. Andere werden sogar in besonderer Art von ihrem eigentlichen Schicksal zuerst berührt. In moderner Zeit könnte man den Geiger Fritz Kreisler anführen, in dem sich schon mit drei Jahren dieses absolute Hinneigen zur Musik klar zeigte. (Und zwar wie ganz selbstverständlich aus seiner menschlichen Umgebung.) Sein viel jüngerer Kollege Jehudi Menuhin bekam mit drei Jahren die erste Spielzeuggeige, die er angeblich auf den Boden schleuderte, weil sie nicht den Ton gab, den er wünschte. Mozart war drei Jahre alt, als er in ganz eigener Form auf dem Klavier gewisse Töne zusammensetzte, die ihm besonders gefielen. Es scheint, daß sich seine schöpferisch musikalische Kraft erstmalig in dieser Art ankündigte. Die Schicksalsbestimmung kann sich schon in diesem Alter zum erstenmal zeigen. In dem einen Fall vielleicht nur sehr verhüllt, in einem anderen ganz offensichtlich.

Wie seltsam es auch klingen mag, so gibt es um das dritte Jahr Augenblicke, da im Menschen neu zusammenspielen können: Freiheit — Persönlichkeit (Erlebnis des Ich) — Schicksal. Wenige erinnern sich daran, und doch haben es die meisten erlebt. Ist der Erzieher wachsam genug und erkennt solche Momente, dann wird er dem Kinde zu einem großen menschlichen Helfer werden.

II.

Ehe noch auf die Bedeutung der richtigen Lenkung des Denkens in der Zeit vom dritten zum fünften Jahre eingegangen wird, sei nochmals zusammenfassend hervorgehoben, wie der Mensch sich um das dritte Jahr als Individualität erlebt. Es ist bereits gezeigt worden, daß im dritten Jahre eine gewisse körperliche Harmonie zwischen Hauptesorganisation, dem Stoffwechselsystem und den Organen des Rhythmischen erreicht wird. In späteren Jahren kommt es zu einem Ausgleich der drei Funktionen auf dem seelischen Gebiet, wenn sich

Kräfte des Wachstums aus den drei Gebieten des Leibes bis zu einem gewissen Grade frei gemacht haben. Für das Verständnis des Lebens ist es besonders wichtig zu erkennen, daß zuerst im Kinde alles mehr als eine Einheit erscheint, die sich erst langsam teilt. Es ist z. B. „ganz Sinnesorgan", wie Rudolf Steiner [3]) zeigte, aber auch wieder ganz Willensorgan und später sogar ganz im Fühlen aufgehend. Im Erkennen der äußeren Welt vollzieht sich die Entwicklung gradweise so, daß die Wahrnehmungen immer mehr analysiert werden können. Der Baum wird als ein Ganzes betrachtet, in seiner Form, seiner Farbe; aber die Aufsplitterung etwa in Blätter, Stamm, Zweige kommt erst viel später und schrittweise zustande. Bis zum Ende des dritten Jahres hat diese Atomisierung, wenn der Ausdruck erlaubt ist, schon einen gewissen Höhepunkt erreicht. Das Kind erfaßt mit seiner Beobachtung die Teile und kann sie sogar irgendwie als zusammengehörig erkennen; aber bei allem bleibt noch der vollkommene Bildcharakter bewahrt. Es weiß nun einfach, daß der Apfel zum Apfelbaum gehört. Dies kann so weit gehen, um ein Beispiel aus der Erfahrung zu erwähnen, daß ein Dreijähriger, der in Übermut einen Apfel vom Zweige reißt, nachher versuchen will, ihn wieder anzukleben.

Würde diese Zersplitterung im Wahrnehmungsvorgang ohne Gegenwirkung weitergehen im Kinde, so müßte es sich immer mehr in der Vielfalt der Umwelt verlieren. In der Seele entstünde ein immer weiter und weiter gehendes Fragespiel. Da tritt dann rechtzeitig das wichtige Ereignis ein, durch das aller Zerfall aufgehalten wird: das individuelle Ich ergreift den Körper, die Einheit der geistigen Persönlichkeit kann richtig erfühlt werden. Und das wird möglich, weil nach der Sprechfähigkeit die Gefühlsbildung einen solchen Grad erreicht, daß die Harmonisierung des dreigliedrigen Menschen beginnen kann.

Beachtet man den einschneidenden Moment nach dem dritten Jahr zu wenig, so geschieht es leicht, daß die einigende

---

[3]) „In der ersten Lebensepoche vor dem Zahnwechsel ist das Kind gewissermaßen ganz Sinnes-Organ. Das müssen Sie im allerwörtlichsten Sinne nehmen."

Kraft des Ich zu wenig zur Geltung gelangt. Eine Folge davon wird sein, daß die geschwinder reifenden Kopf-Wahrnehmungs- und Denkkräfte zu schnell die Oberlenkung gewinnen möchten. Wenn dies ausartet, wird das Kind in ein immer mehr analysierendes Denken getrieben; dieses verliert den Bildcharakter und nimmt abstrakte Formen an. Ein Zeichen dafür, daß der Zeitpunkt einer solchen Gefahr begonnen hat, ist ein bestimmter Zustand des Kindes. Es fängt an, seine Warum-Fragen am laufenden Band zu stellen und keine Antwort kann befriedigen. Selbstverständlich nicht, weil die Fragewut im Kind dieses Alters nichts anderes bedeutet, als ein sinnlos-abstraktes Denken; letzteres läuft sozusagen dem verbindenden Ich davon, weil es nicht richtig durch die Erziehung gelenkt wird.

III.

Wie sich die erziehende Person helfend erweist, kann an dem Beispiel des Denkens gezeigt werden. Das Kind gewinnt — wie bereits angeführt — vom dritten Jahre an die Fähigkeit zu denken, weil die Wachstumskräfte der Kopfesorganisation freier geworden sind. Eigentlich kann zunächst nur ein Bilderdenken stattfinden. Abstrakte Begriffe sind noch nicht erfaßbar. Daher sollten mindestens bis zum fünften Jahre zunächst nie Zahlen an sich an das Kind herangebracht werden. Auszählreime [4]) mit leeren Zahlen oder einfaches Zählenlassen, weil etwa der Erwachsene keine bessere Beschäftigung bereit hat, geben dem Kinde nichts. Es wird dadurch in ein Gebiet gedrängt, für das es im Grunde genommen noch nicht reif ist. (Das sagt natürlich nicht, daß man dem Kinde die Zahlen nicht spielend oder gewaltsam beibringen könnte, wenn jemand es will — aber wenn dies frühzeitig getan wird, zieht es schädliche Folgen nach sich.)

Auch in dieser Epoche des Lebens sei lieber gesagt: hier ist eine rote Rose, hier eine gelbe Rose und hier eine weiße Rose.

---

[4]) Man denke etwa an „Eins, zwei, drei, vier, fünf, sechs, sieben. Eine alte Frau kocht Rüben“ usw.

Das genügt vollständig. Modernen Menschen mag das außerordentlich pedantisch erscheinen. Noch viel schwerer verständlich wird es manchen Leuten, wenn man ihnen vorschlägt, dem Kinde auch in seinem späteren Spiele nichts zu geben, das mehr abstrakten Inhalt hat. Man muß sich allerdings z. B. darüber klar werden, daß ein sogenanntes „Steckspiel“ sowohl gut und schön, als auch abstrakt und verwerflich sein kann. Es gab noch vor gar nicht so langer Zeit ganz einfach bemalte Holzpuppen in schönen Farben. Die Augen waren wirklich nur Pünktchen und die Gliedmaßen bloß angedeutet. Zuerst begegnete der Betrachter einer großen Puppe; in der Mitte konnte sie auseinandergehoben werden und eine kleinere, ebenfalls einfache, aber doch schön bemalte Puppe wurde sichtbar und so ging es weiter, bis man vielleicht zum fünften oder sechsten kleinen Püppchen vordrang, das — seiner Größe entsprechend — immer etwas verändert aussah. Daran hat ein Kind nicht nur Freude, sondern es erhält seine eigenen Formkräfte beweglich. Ein solches „Steckspiel“ ist empfehlenswert und hilft, das Vorstellungsleben in der richtigen Weise zu entfalten. Nimmt man aber als ein ähnliches Spielzeug — wie dies üblich geworden ist — einen Würfel, in dem immer kleiner werdende Würfel eingeschachtelt sind, dann wird dem Kinde ein Spiel gegeben, das nicht nur wertlos, sondern sogar schädigend ist. Ein solcher Würfel bedeutet etwas geometrisch Abstraktes, das dem kindlichen Leben keinen Inhalt gibt. Derartige Dinge treiben in das Kind frühzeitig ein verhärtendes Element, das nicht zuträglich ist. Das Bilderdenken der Kinder erleidet dadurch eine Schwächung, und das abstrakte Denken wird zu früh ausgebildet; es zerstört den Körper für später. Leider bedienen sich die sogenannten Montessori-Kindergärten vieler solcher, als abstrakt zu bezeichnender Geräte für die noch sehr kleinen Kinder. Dies geschieht deshalb, weil die Lehrer und Lehrerinnen in solchen Institutionen davon ausgehen, sie müßten dem Kinde möglichst frühzeitig — „spielend“ wie man sagt — etwas „beibringen“: Zahlensinn, Raumgefühl, Lesen, Schreiben. Um das zu erreichen, benützt man alle möglichen geometrischen Hohlkörper und tut in vielfach verstärktem Maße, was durch das erwähnte

Würfel-Steckspiel geschieht. Der Weg einer Erziehung, die mit der Benützung falscher Spielzeuge beginnt, führt folgerichtig zu weiteren Fehlern auch nach dem dritten Lebensjahre. Gemeint ist z. B. das lebhafte Bestreben, das kindliche Gedächtnis willkürlich zu üben, indem versucht wird, Verse auswendig lernen zu lassen; oder daß Dinge erzählt werden, die es wiedergeben soll. Jedes Rechnerische gehört selbstredend ebenfalls in diese Richtung. Aber alle übungsmäßig gewollte Gedächtnisbildung vor dem wirklichen Schulalter, das erst mit dem Zahnwechsel beginnen sollte, ist vom Übel. Es muß ganz dem Kinde überlassen bleiben, was es imstande ist aus dem täglichen Leben in Erinnerung zu behalten. Nochmals sei das erste kindliche Gedächtnis erwähnt, das zustande kommt, wenn die Sinneseindrücke glatt in die Willensregion durchschlagen. Sobald die Sprache sich entwickelt, ensteht ein neues Gedächtnis. Der Sinneseindruck versinkt sozusagen nicht sofort in den Willenspol des Kindes, sondern wird im mittleren Menschen aufgehalten. Der Eindruck berührt auch das Gefühl und darf sozusagen mit dem Gemüte mitschwimmen. Die Bildvorstellung entsteht. Aber die Verbindung des empfangenen Bildes mit der Gefühlswelt verstärkt oder dämpft und färbt den Sinneseindruck [5]); etwa so wie das mehr oder weniger bewegte Wasser einen Gegenstand verwandelt, der sich in ihm widerspiegelt. Was sich dann im Kinde zeigt, das nennen die Erwachsenen die kindliche Phantasie. Diese kindliche Phantasie besteht solange als noch in Bildvorstellungen gedacht werden kann. Die Bilder behalten ihre Lebendigkeit, weil noch fortwährend Wachstumskräfte aus dem mittleren Menschen in sie einströmen. Wird aber schon in dieser Epoche des Lebens dem Denken der Bildcharakter gewaltsam entris-

---

[5]) Begnadete Pädagogen haben ein Gefühl dafür ganz selbstverständlich entfaltet. Der Vater des berühmten Benvenuto Cellini hat dies schon gewußt. Deshalb gab er seinem kleinen Sohne als dieser ein wichtiges Erlebnis im Gedächtnis behalten sollte, ganz bewußt eine gewaltige Ohrfeige, nicht zur Strafe und nicht aus Wut, sondern in erzieherischer Absicht. Ihm war bekannt, daß ein Ereignis, das zugleich mit einem Gefühl (dem Schmerz z. B.) empfangen wird, für immer im Gedächtnis haften bleiben wird. (Siehe Benvenuto Cellinis Lebensgeschichte, von Goethe übersetzt.)

sen, dann hat dies wichtige Folgen. Denn wenn sich auch um das dritte Lebensjahr herum die Wachstumskräfte des Hauptes langsam losgelöst haben, ist dies in gleichem Ausmaße noch lange nicht auch für den übrigen Leib der Fall. Im rhythmischen und noch mehr im Stoffwechselorganismus tritt diese Lösung noch lange nicht in derselben Stärke ein, wie dies im Kopfe der Fall ist. Trotzdem bleibt aber noch weiter der Zusammenhang zwischen den Lebenskräften des Kopfes einerseits und dem mittleren und unteren Organismus andrerseits bestehen. Bis zu einem gewissen Grade müssen sie natürlich sogar durch das ganze Leben eine Einheit sein. Geschieht jedoch frühzeitig eine Trennung des Denkens in bildhaftes und abstraktes, dann wirkt das letztere so, daß eine Ablähmung der Lebenskräfte nicht nur im Haupte eintritt, sondern sich über den ganzen Menschen ausbreitet. Das hat seine besondere Rückwirkung auf den physischen Körper, der bei seinem Aufbau in der Kindheit von der Arbeit der inneren Wachstumskräfte noch vollkommen abhängig ist. Die Folgen einer so verursachten Schädigung sind meist nicht sofort sichtbar. Sie werden erst herauskommen, wenn der menschliche Organismus viel von seinen lebendigen Reserven aufgebraucht hat. Erst in jener Zeit kommen die frühzeitig gesetzten Organschwächen heraus, also in späteren Jahren oder im Alter.

IV.

Drei verschiedene Störungen im menschlichen Leben sollen in diesem Zusammenhange Erwähnung finden. Unter Berücksichtigung des angeführten Gedankenganges können sie, ihrem Wesen nach, wohl verstanden werden.

Die physischen Folgen des zu früh ausgebildeten abstrakten Denkens als Ergebnis einer vorzeitigen Gedächtnisausbildung sind Verhärtung und verminderte Lebendigkeit mancher Organe. Eine Krankheit wird sich meist deshalb erst viel später zeigen, weil zur Zeit, da die Schädigung entsteht, die noch kräftige Vitalität des gesamten Körpers eine Schwächung noch leicht überwinden kann. Aber in der Epoche, in der sich die körperliche Entwicklung schon wieder auf der absteigenden

Linie bewegt, also jedenfalls nach der Lebensmitte, wird die verringerte Vitalität in manchen Organen schon sehr fühlbar werden. Und so können manche schmerzhaften rheumatischen Leiden der zweiten Lebenshälfte ihren Ursprung in dem zu früh in Anspruch genommenen Gedächtnis haben [6]).

Es wurde schon erwähnt, daß sich durch die abstrakten Denkkräfte etwas Verhärtendes, Absterbendes in die menschliche Organisation einnistet. Gerade das richtige Zusammenwirken der Drüsen spielt im Aufbau des Lebendigen eine besonders große Rolle. Man denke nur wie maßgebend z. B. der Einfluß der Thymusdrüse ist, die in späteren Jahren fast verschwindet. Andere Drüsen bewahren ihre Wichtigkeit für das ganze Leben. Wer sich nun die Frage vorlegt, welche Drüsen im jugendlichen Alter besonders betroffen sein können, wodurch in späteren Jahren all die rheumatischen Erkrankungen auftreten, kann darüber heute nur in Vermutungen eine Antwort erhalten. Auf dem Gebiete der rheumatisch-arthritischen Erkrankungen wurden in den letzten Jahren sehr interessante Entdeckungen gemacht. Wie zweifelhaft auch die therapeutischen Erfolge für die Dauer sein mögen, so scheint doch eines festzustehen: die Beziehung der Nebenniere zu den rheumatischen Erscheinungen. Ist es nicht naheliegend, sich vorzustellen, daß im Kindesalter wahrscheinlich unter den Drüsen vor allem manche Funktionen der Nebennieren durch einen zu großen Gedächtnisstoff geschädigt werden? In der Kindheit wird es sich da nur um eine feinste Schwächung dieser Organe handeln.

Ein solcher Hinweis, das sei ausdrücklich bemerkt, sei bloß als eine Vermutung ausgesprochen, die aber vielleicht wert wäre, überprüft zu werden.

---

6) So sagt Rudolf Steiner: „Man kann ja manche Menschen kennen lernen, die erklären einem, wenn sie vierzig Jahre alt geworden sind oder noch später: sie haben Gliederreißen, Rheumatismus. Nun gewiß, das kann ja von allem Möglichen herrühren; aber es gibt durchaus diejenigen Fälle, in denen man, wenn man die Untersuchung nur weit genug treibt, durchaus darauf kommt, daß der Rheumatismus, das Gliederreißen von einem Überfüttern mit Gedächtnismaterial in diesem frühen Lebensalter der Kinder herrührt.“ (Rudolf Steiner, „Die gesunde Entwicklung des Leiblich-Physischen als Grundlage der freien Entfaltung des Seelisch-Geistigen“, Dornach 1921/22, gedruckt 1949, Dornach Goetheanum.)

Die zweite Störung, auf die hingewiesen wird, zeigt sich mehr im späteren Denkleben der Erwachsenen. Rudolf Steiner macht darauf aufmerksam, daß für Kinder die Anwendung der sogenannten Baukasten als Spielzeug außerordentlich bedenklich ist. Diese Spiele veranlassen das Kind, aus gleichmäßigen Stücken, z. B. Würfeln oder regelmäßigen, ziegelartigen Gebilden, Häuser, Burgen und ähnliche Bauten zu errichten. Meistens wird sogar nach einer Vorlage gebaut. Dadurch reißt man das noch einheitliche, bildhafte Denken des Kindes auseinander. Die aus dem Ganzen schaffende Gedankenkraft wird zersplittert. Das Ergebnis ist später ein analysierender und atomisierender Verstand; der hat die Verbindung mit dem Fühlen des mittleren Menschen völlig verloren. Geistig gesehen wird damit der Materialismus, mit seiner atomistischen Denkungsart, bei vielen Menschen eher als eine Krankheit aufzufassen sein, als eine in Freiheit gewählte Weltanschauung! Was in früher Kindheit noch ein in sich einheitlich Schwingendes ist, das bildhaft schöpferische Denken, wird in Stücke gebrochen. Noch schlimmer sind ja die zusammengesetzten Bilderspiele. Irgend ein einfaches Bild, eine Landschaft z. B., die auf einem Pappendeckel aufgeklebt ist und in viele Teile zerschnitten wurde, soll von einem Kinde wieder genau zusammengesteckt werden. Manche Väter und Mütter finden es sehr willkommen, ihre Sprößlinge auf diese Weise zu beschäftigen. Denn es dauert oft Stunden, ehe alle Teile wieder so richtig ineinander passen; Kinder sind in dem Aufbauen eines solchen Bildes oft erstaunlich ausdauernd. Jedenfalls gehört diese Betätigung auch zu den zerstörerischen Impulsen, die ein Kind empfängt und durch die es auf die leichteste Weise in ein starres, materialistisches Handhaben des Denkens gelenkt wird.

Das Entgegengesetzte, Gesundmachende kommt dagegen von einem anderen Spiele, das besonders empfohlen werden kann; nämlich das Bauen mit dem feinen Sand eines Sandhaufens. Da geht man wirklich von dem Einheitlich-Undifferenzierten aus und senkt in den ganzen Stoff die Form. So arbeitet die Natur an allem Lebendigen.

Aus solchen Überlegungen versteht man auch, warum Steiner für das Schulalter — also noch für viel später als das 3. bis 5. Jahr — im Rechenunterrichte immer von dem Ganzen ausgeht, von dem man subtrahiert oder durch das man dividiert. Es wird also nicht mit Addition oder Multiplikation begonnen, wo Teile zu einem Ganzen und Größeren gemacht werden müssen, sondern man setzt ein Ganzes voraus, aus dem Teile losgelöst werden.

Entfernen wir uns also bei dem kleinen Kinde in der Anordnung seiner Spiele so weit von dem Wesen der Natur, daß in allem analysierend vorgegangen wird, dann berauben wir das Kind schon in den ersten Jahren der Kräfte des Lebendigen; als Folge davon kommt es zu bestimmten Krankheiten im Alter. Sagt doch Rudolf Steiner noch für die Zeit der Schule, wenn das Rechnen in der Weise beigebracht wird, daß man vom Teile und nicht vom Ganzen ausgeht: „. . . wir züchten in ihm, dem Kinde, die Austrocknung auch des physischen Leibes, die Sklerose“ [7]).

VI.

Die dritte Störung, die besprochen wird, hängt innig mit der vorhergehenden zusammen. Jedoch für die Erziehung im Alter vom 3. bis zum 5. Jahre muß vielleicht ganz besonders darauf eingegangen werden. Durch die genannten Fehler, die gemacht werden können in dieser Zeit, wird der Mensch in geistiger Hinsicht nicht bloß zu einem trockenen, atomistischen Denken getrieben oder für eine physische Krankheit geneigt gemacht, sondern die große Gefahr taucht auf, daß der Mensch für sein ganzes Leben phantasiearm bleibt. Was heißt das aber im Grunde? Daß sein Gehirn Gedanken produziert, mit denen sein Gemüt nur mehr wenig Zusammenhang hat. Ist das aber nicht ein Zustand, der gerade zu dem Grundübel unserer Zeit gehört? Ein gut trainiertes Gehirn eines Wissenschafters z. B. ist heute seelenruhig imstande, aus chemisch-physikalischen Theorien heraus und unter Anwendung komplizierter

---

7) Die Kunst des Erziehens aus dem Erfassen der Menschenwesenheit, 7 Vorträge, Torquay 12. bis 20. 8. 1924, Troxler Verlag, Bern 1949.

Versuche, Substanzen so zusammenzusetzen, daß man die ganze Menschheit in einem Kriege einfach vernichten könnte. Kann da im Physiker noch eine Spur menschlichen Gefühles wirklich mitsprechen? Sein Intellekt arbeitet nurmehr abgetrennt vom übrigen Menschen — gleich fast nurmehr einer der sogenannten Electronic machines.

Damit wird man gleichzeitig auf die Spur einer der Ursachen jener Krankheit gewiesen, die unseren Psychiatern und Psychologen so großes Kopfzerbrechen macht, der Schizophrenie. Gehört es doch zum Symptomenbild dieser seelischen Störung, daß ein Mensch Gedanken hat, die nicht den geringsten Zusammenhang mit seinem Fühlen zu haben brauchen. Der Kranke handelt auch dementsprechend. Er wäre aus einem mathematisch ausgedachten Plane z. B. imstande, einen anderen Menschen zu erschlagen, ohne über seine Tat auch nur das geringste Bedauern zu empfinden oder Gewissensbisse zu haben. Es wird wahrscheinlich die Häufung gewisser Verbrechen erst verstanden werden, wenn entdeckt wird, daß in vielen Fällen die Krankheit, aus der heraus der Verbrecher handelt, meist auf die falsche Erziehung im frühen Lebensalter zurückzuführen ist. Wobei sofort hinzugefügt werden muß, welche Art von Erziehungsfehler gemeint sind; denn sonst würde man nur lächelnd sagen, die Einflüsse der Umwelt auf die Bildung des Charakters seien ohnedies bekannt. Verläuft das Leben eines Kindes schon frühzeitig so, daß ihm durch Spiel und Lernen das Denken losgerissen wird vom Fühlen, dann mag dies den Menschen im *Alter* vorzeitig zur Arteriosklerose treiben; oder er wird in der *Lebensmitte* zu einem trockenen, atomistisch denkenden, materialistischen Wissenschafter; oder die Mißleitung der frühen Kindererziehung macht ihn schon *Anfang der zwanziger Jahre* zu einem Schizophrenen, unter Umständen sogar zum Verbrecher.

Es gibt natürlich viele Zwischenstufen, die sich in den kleinen Abnormitäten allein auch ausleben können. Menschen spüren oft instinktiv die dunklen Kräfte, die aus ihnen aufsteigen möchten. Sie wollen ihnen entfliehen und suchen darum Ablenkung und Zerstreuung. Gleiches streben aber auch jene an, die sich innerlich leer und einsam fühlen.

Wie klar ist es daher, daß sie ohne Kino, Radio und Television nicht leben können. Andere wollen durch sportliches Erleben ersetzen, was sie innerlich verloren haben. Und wie gestalten sich die Jahre des Alters für solche Menschen? Durch die meist eintretenden körperlichen Behinderungen sind sie nicht mehr beweglich genug. Sie können alle äußeren Zerstreuungen nicht länger mitmachen und fühlen sich verlassen. Sie empfinden die Einsamkeit quälend und ungerecht.

VII.

Die Frage taucht auf, was vorbeugend gegen all die drohenden Übel in dem Lebensabschnitt vom dritten bis zum fünften Jahre getan werden könne, wenn die Wachstumskräfte des mittleren Menschen freier werden. Alles, was das Kind umgibt, sollte wirklich künstlerisch schön sein. Es müßte außerdem viel mit der wachsenden Natur, mit den Wiesen, Blumen und Bäumen in Berührung sein. Die Beziehung zu Tieren muß gepflegt werden, aber alles in einer natürlichen Art; man braucht das Kind nicht erst besonders darauf aufmerksam zu machen, „wie schön die Blumen", wie „lieb" die Tiere sind. Das hat keine Wirkung. Die Hauptsache aber ist, daß im kleinen Jungen oder Mädchen das deutliche Gefühl wach wird, der erwachsene Mensch liebe die Tiere wirklich und bewundere die Blumen, behandle alles mit Verehrung und Hingabe. Dadurch können die ätherischen Kräfte des Kindes lebendig und beweglich bleiben.

Es ist empfehlenswert, mit den Kindern nach ihrem dritten Jahre mit Eurythmie zu beginnen. Hier soll nicht näher auf die Grundlagen jener Bewegungskunst eingegangen werden, die Rudolf Steiner begründet hat. (Alles Nähere kann in den entsprechenden Büchern nachgelesen werden.) Man wird aber bemerken, daß Kinder dieses Alters die Übungen mit besonderer Freude machen. Sie spüren selbst, wie sie dadurch lebendig und frisch werden. Daher wird schon in den Kindergärten der Steiner-Schulen regelmäßig die Eurythmie geübt.

Erziehung in den Kindergärten ist von großer Bedeutung für die kleinen Kinder. Die Frage des Kindergartens wurde überhaupt erst in der Gegenwart so aktuell durch die Veränderungen in den sozialen Verhältnissen. Man fand es nötig, daß die Mütter in die Arbeit gehen, und während dieser Zeit müssen die Kinder „versorgt" werden. Daher ist der Kindergarten zunächst überhaupt nur als ein notwendiges Übel aufzufassen, das aber natürlich auch zum Guten gewendet werden soll. Dieser Gedanke des „Versorgens" ist schon an und für sich nicht ganz recht, wenn auch unter Umständen wohl begreiflich. Es liegt darin etwas, wie die Verantwortung für das Kind einfach abschieben zu wollen. Die Mutter befreit sich für eine Zeit von dem Drucke, unter dem sie sich dadurch fühlt, immer für das Kind sorgen zu müssen. Eigentlich sollte es neben einer verständigen Mutter ruhig daheim bleiben, um hier alles zu erhalten, was sein Leib und seine Seele benötigt. Es könnte ruhig in spielerischer Weise nachahmen, was die Mutter arbeitet. Man darf es aber nicht „abrichten" wollen. Es kann sein Tüchelchen haben, mit dem der Boden gewischt wird, einen kleinen Besen zum Kehren, ein Küchenbrett zum Kochen, eine Schaufel und einen Rechen für den Garten. All dies darf nie pedantisch geleitet sein, sondern in einfach herzhafter Weise, so daß aber die Frau ihr Kind bei der Arbeit zugleich in liebevoller Art im Bewußtsein trägt. Auch in dieser Zeit soll gar kein besonderer Unterschied zwischen Knaben und Mädchen gemacht werden. Die Erfahrung zeigt z. B., daß die kleinen Buben genau so gerne mit ihren Puppen spielen wie die Mädchen, vorausgesetzt, daß diese Puppen wirklich nicht die abgeschmackten Modelle sind, die in den Auslagen gezeigt werden. Kinderkochgeschirre werden von beiden Geschlechtern gleichmäßig geliebt.

In der freien Zeit erzählt die Mutter oder der Vater Märchen, die dem Alter entsprechend ausgewählt werden.

Was sich eigentlich im Elternhaus abspielen könnte, wird dann im Kindergarten, mit vielen Kindern zusammen, gepflegt werden. Die Absicht darf aber niemals dahin gehen, wie schon vorher angedeutet, die Kinder dieses Alters, also von 3 bis etwa 7 Jahren, zu unterrichten. Sie brauchen nichts im üblichen Sinne zu „lernen". Man muß in ihnen wecken, was so leicht lebendig wird, wenn es in der rechten Weise geschieht. Aber den größten Schaden richtet es an, wenn die Kinder nach der entsprechenden Methode in Montessori- und ähnlichen Kindergärten unterrichtet werden. In diesen Institutionen sind sie mit 5 Jahren meist schon so weit, daß sie lesen, schreiben und rechnen können. Das erscheint vielen Leuten zwar sehr „praktisch", verdirbt aber meist das Phantasieleben nicht nur des Kindes, sondern auch das des Erwachsenen, der aus einer solchen Erziehung hervorgeht. Es ist wirklich beklagenswert, daß Einrichtungen, die mit so viel Liebe zu Kindern ins Leben gerufen sind wie die Kindergärten der Montessori-Richtung, das Phantasieleben vom Grunde aus verderben. Denn in den genannten Institutionen werden gerade als erstes Unterrichtsmaterial „die Bausteine und Würfel Fröbels" verwendet. So schrieb Montessori selbst in ihrem berühmten Buche „Selbsttätige Erziehung im frühen Kindesalter". Es sind dann meist die dreijährigen Kinder, die erzogen werden und mit denen vielfach gerade das unternommen wird, was in dem hier dargelegten Sinne vermieden werden soll. Die Kleinen erhalten z. B. zum Spielen die bekannten, gänzlich unkünstlerischen Klötze, die sich nur in der Größe voneinander unterscheiden. Die Ansicht ist, dem Kinde möglichst frühzeitig einen Begriff wie „Raum" oder „Größe" einzuprägen. Dies sei nur als ein kurzes Beispiel angeführt. Wer mehr darüber erfahren will, braucht nur eines der entsprechenden Heime zu besuchen oder das genannte „Standardwerk" zu lesen.

VIII.

Man kann sich leicht fragen, und heutzutage tun das Menschen sehr gerne, weshalb wird eigentlich gar so großer Wert auf eine Erziehung gelegt, die die Phantasie ganz besonders pflegt? Weil sich daraus für ein Kind viele praktische Folgen ergeben. Eine wichtige Erscheinung tritt gerade im Alter von drei bis etwa viereinhalb Jahren auf, die Eltern und Psychologen viel Unannehmlichkeiten und Kopfzerbrechen bereitet.

Das ist der sogenannte Trotz, der eine lange Zeit anhalten kann und dem man am besten beikommt, wenn er aus der ganzen Konstitution des Kindes richtig verstanden wird. Zunächst soll sich der Erzieher daran erinnern, wie um diese Zeit, mit drei Jahren, das Kind sich zum erstenmal als Individualität voll empfinden kann. In physischer Hinsicht ist durch die Ausbildung der Sinne, die Fähigkeit der Sprache, die Festigkeit der Gliedmaßen und die Regelung des Stoffwechsels, eine körperliche Harmonie erreicht; in der fühlt sich das Kind als Einheit. Dazu kommt das schon beschriebene Freiwerden der Denkkräfte. Durch diese neue Betätigung im Denken kann das Kind sich immer wieder selbst betrachten, was sich selbstverständlich auch nur in einer einfachen Weise vollziehen wird. Es sollte sich nur bildhaft vollziehen, in Verbindung mit dem Fühlen, das ebenfalls aus der körperlichen Bindung, mit der Entfaltung der Sprache, einigermaßen frei wird.

Hat das Kind die Möglichkeit, sich seinem phantasie-erfüllten Denken hinzugeben, dann vermag es damit bis zu einem gewissen Grade seinen Willen, der noch immer stark im Leibe verankert bleibt, zu regieren. Baut das Kind in dem Sande alle möglichen Hügel, die es für Häuser, Schlösser, Bäume und Flüsse nimmt, so spielt sich diese Tätigkeit ganz im Sinne der Bildvorstellungen ab; das geht alles, soweit das Kind in Betracht kommt, friedlich vor sich. Greift aber ein fremder Wille unverständig ein, wird der Frieden sofort gestört. Läßt z. B. ein Erwachsener die im Kinde aufsteigenden Bilder nicht in Ruhe, sondern versucht die eigenen „erwachsenen" aufzudrängen, gleich regt sich das kindliche Willenselement in oft ganz ungebärdiger Weise. Das Kind nimmt Abwehrstellung ein und wird trotzig. Es möchte nur seinem eigenen, triebhaften Willen folgen, der sich verneinend gegen alles stellt, das von außen herankommt. Das Gedankenelement trennt sich los und nur der blinde Widerstand bleibt bestehen. Dies kann so weit gehen, daß ein Kind sogar das Umgekehrte von dem tut, was in seinen Vorstellungen lebt; denn es empfindet dieselben, wenn sie keine phantasieerfüllten Vorstellungen mehr sind, auch nur wie von außen herangebracht. Man muß wissen, daß in diesem Lebensalter der Wille, der so stark an den

Körper gebunden ist, noch etwas sehr Chaotisches, Wildes in sich hat. Ein übermüdetes Kind wird einem einfach zeigen, was in solchen Fällen vor sich geht. Der Einfluß der Sinne und des mit dem Fühlen verbundenen Denkens fällt langsam weg. Was geschieht dann sehr oft? Das kleine Mädchen oder Büblein, das eben noch fröhlich und liebevoll spielte, zieht plötzlich die Tischdecke vom Tisch, reißt einen Vorhang herunter, stößt alles von sich und schreit unbändig, ohne selbst mehr zu wissen, warum. In solchen Augenblicken brodelt da das zerstörerische Element des Willens aus dem Organismus herauf.

Im Alter von drei bis fünf, in dem der Trotz aufzutreten pflegt, liegt eine Art Entwicklungskrise vor, die sich in derselben Art im Leben kaum mehr wiederholt. Denn wesentlich ist für den Zeitpunkt einerseits die Neuheit der Ichempfindung, aber andrerseits doch noch die starke Gebundenheit des Willens an den Körper. Dazu kommt in dieser Zeit die eigentümliche Gestaltung des Denkens. Dieses hat in seinem Phantasiereichtum viel Beziehung zur Fühlenswelt, die mittelbar den Willen beeinflussen kann. Fehlt dagegen die Schönheit einer träumerischen Phantasie, weil die an das Kind herangebrachten Vorstellungen bloß abstrakt gewesen sind, dann hat das Denken des Kindes wenig Einfluß auf sein Trieb- und Willenshaftes. Und gerade das Umgekehrte von dem, was sein sollte, vollzieht sich: das unbeherrschte, von unten aufsteigende Wollen gewinnt zu viel Einfluß auf den gemüthaften mittleren Menschen. Das Kind wehrt den Einfluß und die Einmischung anderer Menschen ab; es will trotzig alles selbst machen und wird für die ganze Umgebung schwierig. Nimmt die Erziehung aber Rücksicht auf die entscheidenden Probleme und vermeidet alles, was das Kind seiner Phantasiewelt beraubt, wird es möglich sein, das „Trotzalter" zu vermeiden oder um vieles abzukürzen. In dieser Zeit soll man dem Willen, der etwas Bestimmtes durchsetzen möchte, nur Einhalt gebieten, wenn durch das kindliche Tun Gefahr und Zerstörung droht.

Es darf daher ganz berechtigterweise widersprochen werden, wenn sehr geübte Kinderärzte und Psychologen annehmen, daß der zwischen 3 und 4 Jahren auftretende Trotz nur wie eine Naturtatsache hinzunehmen sei, an der nichts geändert werden könne.

IX.

Die Frage der Märchen wurde bereits so oft erwähnt, daß es vielleicht doch angezeigt ist, einige praktische Gesichtspunkte herauszugreifen. Wenn auch in der Kindergartenzeit, nach dem fünften Jahre, das Erzählen große Wichtigkeit für ein Kind hat, so sind die Märchen, bei richtiger Auswahl, für die Drei- bis Fünfjährigen mindestens ebenso bedeutungsvoll. Man hat einfach in jener Zeit die ganze Konstitution des Kindes besonders zu berücksichtigen, um den richtigen Märchenstoff an sie heranzubringen.

Wie weit der Mensch nach dem dritten Jahre bis gegen fünf in seiner Entwicklung fortgeschritten ist, geht aus den vorangehenden Ausführungen hervor. Die Individualität kann sich erstmalig als richtig auf Erden beheimatet empfinden. Soweit das Seelenleben in Betracht kommt, ist Vorstellungs- und Gedankenkraft ganz in einer Bilderwelt einverwoben; sie ist noch völlig verwandt den Wachstumskräften, die die Organe des Sinnes-Nervensystems aufgebaut haben.

In diese Kräfte leuchtet viel aus der Sternenwelt herein. In angemessener Weise kann diese Welt vom Kinde nach dem dritten Jahre voll aufgenommen werden, sobald die wahren Bilder auftauchen. Aus dem rhythmischen Organismus beginnen nun die Aufbaukräfte etwas freier und losgelöster vom physischen Leibe zu wirken. Das Fühlen der Seele schwingt damit ganz anders und empfindet sich wohltätig angeregt durch alles schön sprachlich-musikalisch Geformte.

Im tiefen Schlummer allerdings arbeitet es noch in der wollenden Seele. Erst Ende des vierten, Anfang des fünften Jahres beginnen sich die Wachstumskräfte so weit aus dem Stoffwechsel-Gliedmaßensystem zu lösen, daß die Seele mehr Verständnis gewinnt für eine bewußte Führung des menschlichen Willens. Und deshalb zeigt sich zwischen fünf und sieben der allererste Beginn eines sogenannten moralischen Verstehens.

Nun ist aus der Darstellung für eine wünschenswerte Erziehung klar geworden, daß ein besonders hilfreiches Prinzip in der ganzen Epoche bis zum siebenten Jahre folgendes sein muß: man leite das Kind allmählich so in die Welt, daß es außerhalb seiner selbst stets ihm Ähnliches, Verwandtes finde. Verwandtes allerdings im höchsten Sinne. Was z. B. sein Gehirn aufbaute, sind Sternenkräfte gewesen und wenn ihm nun, nach einem bestimmten Abschluß im Wachstume seines Hauptes, der geistige Einfluß der Gestirne in bildhafter Form gezeigt wird — dann fühlt sich das Kind wirklich verwandt damit.

Ist einem dies klar, so wird man auch die richtigen Märchen zur richtigen Zeit den Kindern erzählen. Als erstes wird heutzutage natürlich gefragt: wo sind überhaupt noch Märchen vorhanden, die einen solchen Inhalt haben, daß sie den gestellten Anforderungen gerecht werden? Rudolf Steiner betonte immer wieder, daß die Märchen von Grimm und Bechstein wohl die geeignetsten seien. Es ist am besten unter diesen die entsprechenden Märchen auszuwählen. Bald nach drei Jahren kann meist schon Schneewittchen erzählt werden. Warum? Da lebt alles in einer Fülle von Bildern. Hier soll nicht zu sehr auf Einzelheiten eingegangen werden, da der Verfasser dies bereits in anderen Arbeiten versucht hat darzustellen — nur ein Wegweiser wird gegeben, damit der Erwachsene selbst aussuchen kann, was ihm geeignet scheint.

Die Incarnation der Individualität wird in Schneewittchen zunächst durch ein symbolisches Bild von den roten Blutstropfen im weißen Schnee, eingefaßt durch den schwarzen Ebenholzrahmen des Fensters, dargestellt. Und wohin blickt denn die Königin? Wohl in eine übersinnliche Welt, in die sie das Fenster schauen läßt, und aus der sich in dem Sinnbilde das kommende Kindlein ankündigt. — Wer vertraut ist mit einer solchen wahren Bildersprache, der weiß, daß in der Vision der Königin das Wesen des Menschen sich zeigt, das aus Leib, Seele und Geist besteht. Der schwarze Ebenholzrahmen des Fensters bedeutet den physischen Leib, der wirklich ein „Rahmen“ für den höheren Menschen ist. Das rote Blut wird zum Sinnbild für die Seele, in der die drei Fähigkeiten von Denken, Fühlen und Wollen leben. Daher sind es auch gerade drei Butstropfen, die herabtropfen. (Darin kann man in Bewunderung erkennen, wie innerlich wahr und genau das Märchen erzählt wird.) Und der weiße Schnee, in den sich das Blut einsenkt, stellt den Geist dar. Dieser offenbart sich im Weißen. Rudolf Steiner sagte z. B. in den Vorträgen über die Farben: „Weiß oder das Licht stellt dar das seelische Bild des Geistes [8].“ — Ferner wird in Schneewittchen die Welt beschrieben, in der die Wesen einer Elementarwelt noch voll lebendig sind. Diese Bilder werden von den Kindern so geliebt, weil sie oft noch selbst diese Wesen klar erleben, selbst wenn die Erwachsenen nichts davon merken. Aber wie oft könnte beobachtet werden, daß Kinder sich laut und manchmal sogar lachend mit etwas unterhalten, das wir selbst gar nicht sehen. Man gewinnt in solchen Momenten zumindest die deutliche Empfindung, daß es nicht nur die übersprudelnde Phantasie sein kann, die im Kinde arbeitet; sondern es hat die Begegnung mit einem jener Geschöpfe, die im Märchen z. B. als Zwerge auftauchen und die „in den Bergen nach Erz hackten und gruben“.

Schneewittchen zeigt noch ein anderes Prinzip, das für Kinder dieses Alters besonders wohltuend und hilfreich wird. Und das ist das Element des Rhythmus, nach dem die Kleinen verlangen und in dem sie gerne leben. So wird siebenmal die Situation geschildert, in der die Stiefmutter die Frage stellt:

„Spieglein, Spieglein an der Wand,
Wer ist die Schönste im ganzen Land?“

Jedesmal erzeugt die Anfrage eine Spannung, auf die in der Antwort eine Lösung erfolgt. Das wirkt tatsächlich wie der Herzrhythmus, wie Systole und Diastole. Ähnliches bewerkstelligen die sieben Fragen, die jeder der sieben Zwerge stellt: „Wer hat auf meinem Stühlchen gesessen?“ Da ist es die Spannung in dem Zwerglein, die wir miterleben — und dann

---

8) „Das Wesen der Farben“. 3 Vorträge von R. Steiner, Philosophisch-Anthroposophischer Verlag am Goetheanum, Dornach, Schweiz, 1925.

die Entspannung in uns selbst, die darin liegt, daß der Zuhörer bei sich genau weiß, es ist Schneewittchen gewesen, das gesessen, gegessen, Brötchen genommen hat usw.

Natürlich wird auch dadurch ein Rhytmus erzeugt, wenn man täglich das Märchen möglichst mit den gleichen Worten erzählt. Diese Geschichtchen dürfen nicht vorgelesen werden, denn sie behalten erst ihre Lebendigkeit dadurch, daß ein lebender, atmender Mensch in seiner Sprache dem Kinde den wahren Gehalt gemüthaft übermittelt.

In dieser Frühzeit sind die Sternen- und Sonnenmärchen für das Kind geeignet; man nehme z. B. das Märchen von den Sterntalern. Alle Märchen, die erzählt werden, sollen nicht zu schnell gewechselt werden. Der Erzähler muß den richtigen inneren Takt besitzen, um herauszufinden, wann es etwa mit Schneewittchen oder dem Froschkönig für eine Weile wieder genug sei. Merkt man, das Kind brauche wieder etwas gut Rhythmisches, so kann beispielsweise eine so kurze Geschichte, wie die vom Läuschen und Flöhchen, regelmäßig eingeschoben werden.

Aus dem Vorangehenden ist deutlich erkennbar, wie in der Periode vom dritten bis zum fünften Jahre das Denkleben der Kinder geleitet werden solle. Aber dann taucht natürlich die Frage auf, wie hingegen die Welt des Fühlens in dieser Periode gelenkt werden müsse. Auch dafür ist es immer wichtig, die Entwicklungszustände der entsprechenden Zeit zu berücksichtigen. Das Gefühlsleben ist ja im dritten Jahre noch weitgehend mit dem Willen vereint. Was bedeutet das aber? Daß in dieser Zeit den kindlichen Handlungen gegenüber kein moralischer Standpunkt eingenommen werden dürfte. Was das Kind tun soll, kommt ganz aus seinen Herzenskräften und wird eigentlich von diesen regiert. Wie ist da zu helfen? Zunächst durch die richtige Pflege der Sprache, wie dies bereits ausgeführt worden ist, ferner durch das Gesanglich-Musikalische und die Eurythmie.

Ein langsames Entfalten religiösen Fühlens in einer natürlichen und selbstverständlichen Weise führt dazu, daß sich das Willenshafte im Kinde vom fünften Jahre an freier gestaltet. Die größte Stütze für diese Entwicklung findet ein Kind im

Erwachsenen, der wirkliche Liebe zu den Blumen, Tieren und Menschen hat. Denn sobald das Kind aus der Nachahmung die Sprache erlernt, erwacht jetzt in seinem Seelchen die Zuneigung zu allem Lebendigen, wenn nur die Menschen der engeren Umgebung Verehrung für die Welt zeigen. Haben diese Gefühle eine Zeitlang auf das Kind gewirkt, nachdem es drei und vier Jahre alt geworden ist, erscheint es auch geboten, ihm allmählich die Möglichkeit zu bieten, mehr mit Tieren umzugehen. Es dürfte aber den Kindern ein kleiner Hase oder ein Kätzchen nicht eher überlassen werden, bis man sicher ist, daß der Knabe oder das Mädchen die Tierlein nicht unnütz quäle. Vor drei Jahren kann überhaupt noch nicht erkannt werden, ob es für eine Katze schmerzlich ist, wenn man ihr die Haare auszupft oder sie am Schwanze zerrt. Nach dem dritten, besonders aber nach dem vierten Jahre ist es sehr empfehlenswert, die Kinder im Garten zu beschäftigen. Wenn sie für sich ein paar Blumen pflanzen und aufziehen oder ein wenig Gemüse anbauen, das sie dann sogar selbst kochen und für ihr eigenes Mahl zubereiten — so bedeutet dies eine wesentliche Hilfe für die späteren Jahre. Der Wille wird unter Freuden geübt und gleichzeitig lernt der wachsende Mensch frühzeitig verstehen: dort wo du gräbst und dich betätigst, da wirkst du schöpferisch. Wenn sich dies zunächst auch nur wie ein reines Gefühlserlebnis in das Kind einschreibt, wird Moral geschaffen für die kommenden Jahre, wenn das Wollen des Menschen sich freier gestaltet. Dadurch entsteht in der Folgezeit wahre innere religiöse Moral, unabhängig von jeder Tradition.

In der genannten Zeit sollte im Kinde das Interesse und die Liebe zu allem erwachen. Es lassen sich selbstredend für den Erzieher keine allgemeinen Regeln darüber aufstellen, wie man dies bewirkt. Aber eines ist sicher, daß alles Bedrückende, Schmerzliche und Beängstigende in diesem Alter vermieden werden müßte. Genau so wenig wie in der frühen Kindheit eine physische „Abhärtung" betrieben werden darf, soll auch ja keine seelische „Ertüchtigung" versucht werden. Wie vielen Kindern aus ärmeren Kreisen wird klar gemacht, sie können dies oder jenes nicht haben, weil ihre Eltern nicht genug Geld besitzen. Solche Dinge dürften in jener ersten Lebenszeit, bei einer richtig geleiteten Erziehung, nie besprochen werden. Ganz leicht sind Kinder über solche Gedanken und Gefühle hinwegzubringen, wenn man die Phantasie lebendig erhält und die Eltern, besonders die Mutter, eine aufrichtige „Frohnatur" zeigt. Schon in dieser Zeit können wir dem vorbauen, um einen Menschen vor dem bösen Wurm zu bewahren, der an dem Herzen so Vieler nagt: vor dem Neid und der Eifersucht. Deshalb sollte ein Kind niemals erleben, daß die Eltern den Bruder oder die Schwester mehr lieben als es selbst. Eifersucht entsteht unter den Kindern nur, wenn sich die Erwachsenen unrichtig benehmen. Kommt z. B. ein Baby zur Welt, so muß in dem Drei- und Vierjährigen so viel Interesse für den Neuankömmling erweckt werden, daß es ihm ganz selbstverständlich wird, wenn die Mutter ihre große Aufmerksamkeit dem Säugling zuwendet. Das ältere Kind muß sich gleichsam ganz mit hineingenommen fühlen in das liebevolle Sorgen für das jüngere. In dem Augenblick aber, wo die Mutter oder der Vater mehr Neigung für das kleinere Wesen verrät oder gar voller Ungeduld betont „Du bist ja schon groß", entsteht sehr leicht eine Eifersucht, die verheerend im Innern des Kindes wirkt. In Wahrheit dürfte es bei einer wohlbedachten Erziehung niemals so weit kommen, daß ein solches Gift wie die Eifersucht überhaupt entstehen könnte.

Es ist von sehr großer Wichtigkeit, daß dem älteren Bruder oder der älteren Schwester, die selbst vielleicht nicht mehr als vier bis fünf Jahre alt sind, nicht die Verantwortung für das jüngere Geschwisterchen einfach übergeben wird. Gerade dort, wo mehrere Kinder in einer Familie aufwachsen, findet sich oft, daß die Pflege und Versorgung viel zu früh dem ältesten überlassen bleibt. Ein fünfjähriges Mädchen macht dann bereits den Eindruck einer versorgten Hausmutter; so ein Kind altert vorzeitig, verliert die muntere Fröhlichkeit, die zum Aufblühen des kindlichen Leibes und der Seele gehört.

In diesem abschließenden Kapitel muß noch auf folgendes aufmerksam gemacht werden, das für die gesamte frühe Kindheit bis zum siebenten Jahre volle Geltung hat: das Kind dürfte eigentlich niemals allein gelassen werden, vor allem nicht ohne seine Mutter. Von ihrem Wesen wünscht das Kind immer schützend umgeben zu sein. Ihre liebevollen Gedanken werden für das Kind zur Hülle, durch die es sich sorglos und gesichert fühlt. Eine Mutter sollte das wissen und sich immer wieder erinnern, daß sich das Kind nach der Geburt nur physisch von ihr losgelöst hat.

Auch ein älterer Säugling müßte noch so in Reichweite von der Mutter sein, daß sie ihn immer leicht sehen und auch in kurzen Zeitabschnitten zu ihm kommen kann. Ein kleines Kind will gehätschelt werden, weil es die von der Mutter ausstrahlende innere Wärme zum Leben und Gedeihen braucht. Dies muß in unserer Zeit ausdrücklich betont werden, weil sich die Menschen heute so oft Erziehungsgrundsätze nur kühl verstandesmäßig ausdenken. Man trifft z. B. junge Mütter, die sich ganz ernstlich vornehmen, den Säugling höchstens auf eine Stunde am Tage aus der Wiege zu nehmen, um mit ihm zu spielen. Sie wagen dies nicht zu oft und länger zu tun und erklären, sie wollten das Kind selbstverständlich nicht verwöhnen!

Sobald das Kind älter geworden ist, kann es auch allein im Garten sein, während die Mutter sich im Hause beschäftigt. An den Drei- und Vierjährigen wird man aber sofort eine Unruhe bemerken, wenn sich die Mutter bereit macht, allein fortzugehen. Bei der Vorstellung ihres Ausgehens fragt der Kleine z. B. recht ängstlich: „Ja, aber wer wird denn auf mich aufpassen?“ Falls nicht jemand zur „Vertretung“ da ist, wie etwa ein vom Kinde mit Liebe anerkannter Vater, sondern eine weniger vertraute Person, wird durch das Weggehen der Mutter ein Gefühl von Einsamkeit und Schutzlosigkeit erweckt, das man vielleicht nie mehr im Leben überwindet.

Mindestens bis zum siebenten Jahre wünschen die Kinder am Abend, auch wenn sie schlafen, die Gewißheit zu haben, daß jemand in der Nähe ist, dem sie restlos zugetan sind. Finden sie, im Falle des Aufwachens einen Menschen, den sie weniger gut kennen, so fühlen sie sich verraten und verzeihen dies auf lange Zeit nicht.

In diesem Alter hilft es gar nicht, wenn man dem Kinde vorher irgendwelche Erklärungen geben will, warum es allein gelassen wird. Es ist noch nicht in der Lage Gründe zu verstehen wie später und kränkt sich trotz aller Auseinandersetzungen.

Wer sich streng an diese Regeln hält, wird eines Tages wundervoll belohnt. Das Kind sagt vielleicht ganz von selbst, wenn es sich entsprechend entwickelt hat: „Jetzt kannst Du (es meint die Mutter oder auch den Vater) weggehen." Nun genügt irgend jemand im Hause als Schutz und wird leicht als solcher anerkannt.

Bei einer Erziehung, die in dieser Weise versucht wurde, „verwöhnt" man das Kind nicht — nein, es wird im späteren Leben seelisch frei und unbefangen sein. Es trägt nicht die Keime für die verschiedensten Angstzustände in sein reiferes Alter hinein.

Weil nach dem fünften Jahre die Kräfte des Lebendigen oder des Ätherleibes, wie Rudolf Steiner sie nannte, sich auch aus der Willenssphäre stärker befreien können, wird das Kind in seinem ganzen Wesen viel harmonischer. Nun erst darf man es richtig darüber belehren, was es tun dürfe und was nicht; denn jetzt ist der Zeitpunkt erreicht, wo es für Vorschriften zugänglich wird. Die Befreiung der Willenskräfte von der starken organischen Bindung findet mit dem Zahnwechsel ihren Abschluß.

Beim Zahnwechsel greift nämlich während des ersten Jahrsiebent der Stoffwechsel-Willensorganismus des Menschen am stärksten bis in den Kopfesorganismus ein. Die Zähne selbst reihen sich natürlich organisch in den Verdauungstrakt ein, werden auch ganz richtiger Weise in der Anatomie stets als dahingehörig betrachtet. Und doch gehören sie ihrer Bildung, Formung und Härte nach auch wieder ganz in den Bereich der Gestaltungskräfte des oberen Organismus. Hat sich daher der Stoffwechsel endgültig so weit nach oben vorgearbeitet, daß die neuen Zähne durchbrechen können, dann sind auch wirklich die ätherischen Wachstumskräfte organisch entbunden.

Die erste Kindheit hat damit ihren Abschluß erreicht. Das Kind ist lernreif geworden und tritt in eine neue Epoche seines Lebens ein. Jetzt darf es zur Schule gehen.

Überblickt der Leser am Schlusse noch einmal den Inhalt dieser Schrift, so wird er wohl fühlen können: um dem Kinde gerecht zu werden, muß der Erwachsene voll bewußt den fortwährenden Wandel des kindlichen Wesens mitmachen. Gerade dies wird so leicht übersehen, daß man anderes tun soll und erwarten darf, ob der Säugling eben geboren ist, oder an die Nahrung schon gewöhnt ist, ob das Kind seine ersten Gehversuche unternimmt oder sich schon als selbständiger Mensch fühlt. Jedes Erstarren des Erziehers in seinem Verständnis für das Kind auf einer Stufe, hemmt die Entwicklung. Und so fordert uns die Verfolgung des Werdeganges der ersten Jahre dazu auf, in unserer Seele immer beweglich zu bleiben, immer mit dem fortwährend Werdenden mitzuleben.

REGISTER

A

B

C

H

I

N

O

P

R

S

INHALT

Im J. Ch. Mellinger Verlag sind u. a. folgende Werke von Norbert Glas erschienen:

Reihe: Lebensalter des Menschen

Band 2 Jugendzeit und mittleres Alter
2. Auflage, 160 Seiten, kartoniert

Band 3 Lichtvolles Alter
2. Auflage, 160 Seiten, kartoniert

Reihe: Physiognomien

Band 1 Das Antlitz offenbart den Menschen –
eine geistgemäße Physiognomie
4. Auflage, 192 Seiten, 166 Abbildungen,
Kunstdruckpapier, Pappband, glanzkaschiert

Band 2 Das Antlitz offenbart den Menschen –
Die Temperamente
2. Auflage, 64 Seiten, 45 Abbildungen,
Kunstdruckpapier, Pappband, glanzkaschiert

Band 3 Die Hände offenbaren den Menschen
2. Auflage, 112 Seiten, 62 Abbildungen,
Kunstdruckpapier, Pappband, glanzkaschiert

Band 4 Die Füße offenbaren menschlichen Willen
2. Auflage, 112 Seiten, 92 Abbildungen,
Kunstdruckpapier, Pappband, glanzkaschiert

Band 5 Haare des Menschen –
eine Physiognomik
64 Seiten, 55 Abbildungen, Pappband, glanzkaschiert

Band 6 Zur Physiognomik von Gang und Haltung des Menschen
80 Seiten, 57 Abbildungen, Pappband, glanzkaschiert

Band 7 Mimik – Das bewegte Antlitz
64 Seiten, 60 Abbildungen, Pappband, glanzkaschiert

J. Ch. Mellinger Verlag, Stuttgart